Inversión para principiantes

Minimiza el riesgo, maximiza los rendimientos, haz crecer tu riqueza y alcanza la libertad financiera a través del mercado de valores, fondos indexados, comercio de opciones, criptodivisas, bienes raíces y más.

Samuel Feron

ISBN: 9781835123485

Contenido

Introducción

Aunque tenemos la ligera idea de que sabes lo que es invertir, definamos primero algunos términos. Después, te explicaremos cómo proceder.

¿Qué es invertir? Invertir implica asumir un compromiso financiero con la esperanza de generar un beneficio. Esto significa que inviertes dinero para generar ingresos y cumplir tus objetivos financieros.

Muchas personas invierten su dinero en bolsa para alcanzar sus objetivos financieros a largo plazo, ya que pueden esperar una alta rentabilidad. Pero, sobre todo para los nuevos inversores, invertir puede parecer aterrador e intimidante. Afortunadamente, hay muchas opciones que se consideran las mejores inversiones para principiantes y se ajustan a diversos objetivos, límites de gasto y niveles de comodidad.

Si estás empezando, invertir puede parecer abrumador, pero es esencial para aumentar el patrimonio y ahorrar para diversos objetivos financieros. No te preocupes demasiado por si ahora es o no el mejor momento para empezar a invertir, porque a lo largo de tu carrera te encontrarás con diversos escenarios de mercado.

Sin embargo, antes de realizar cualquier inversión, los nuevos inversores deben ser conscientes de su tolerancia al riesgo. Algunas inversiones son más arriesgadas que otras, por lo que no querrás llevarte una sorpresa desagradable después de haber realizado una compra. Considera tu capacidad para prescindir del dinero que vas a invertir y si puedes pasar unos años o más sin tener acceso a él.

Independientemente de dónde inviertas tu dinero, en esencia lo donas a una empresa, al gobierno o a otra organización con la esperanza de que te den más dinero. La mayoría de las veces, cuando la gente invierte dinero, tiene un objetivo concreto en mente, como la jubilación, la educación de sus hijos, una casa, y la lista continúa.

Negociar y ahorrar no es lo mismo que invertir. Invertir suele estar relacionado con apartar dinero durante mucho tiempo, en lugar de negociar acciones con regularidad. Ahorrar dinero es más seguro que invertir. Las inversiones no siempre están aseguradas, pero el ahorro sí lo está en ocasiones. Nunca tendrías más dinero del que has ahorrado si mantuvieras tu dinero escondido bajo el colchón y no lo invirtieras.

En consecuencia, mucha gente decide invertir su dinero. Puedes hacer varias inversiones, y este libro las cubrirá todas.

Dado que estás leyendo este libro, podemos suponer que estás deseando comprender los conceptos básicos de la inversión. En este libro se tratarán las opciones más populares, pero un asesor financiero también puede ayudarte a elegir el mejor curso de acción y ofrecerte orientación cuando realices tus primeras inversiones.

1

Introducción a la inversión

En pocas palabras, invertir puede ayudarte a tener éxito en la vida. Puede ser esencial para tu capacidad de desarrollar tu valor con el tiempo y asegurar el tipo de futuro que deseas para tu familia y para ti mismo. Incluso puedes permitirte ganar dinero mientras duermes. No hay duda de que aprender cómo funciona cualquier cosa merece la pena.

Pero es mucho cuando eres nuevo. Muchas opciones, terminología e ideas desconocidas y consejos difíciles, a menudo contradictorios, que hay que analizar. Además, puede resultar estresante porque implica jugarse el dinero.

Sin embargo, no tiene por qué ser complicado, simplemente porque puede serlo. Para empezar a invertir, sólo tienes que tomar unas cuantas decisiones clave. Vamos a diseccionarlo todo. Pero primero, lo básico.

¿Por qué deberías invertir?

Hay varias razones por las que invertir tu dinero es crucial. Quieres ganar dinero para ambiciones futuras, para ayudarte en tiempos de necesidad, de pérdida de empleo, o para ambas cosas. Para evitar que tu dinero pierda valor con el tiempo, te resultará útil utilizar la capitalización y tener en cuenta la inflación. Además, la inversión es importante para ayudarte a alcanzar tus objetivos si pretendes jubilarte y dejar de trabajar en algún momento.

Veamos algunos factores que hacen que invertir sea tan crucial.

Creación de riqueza

La riqueza puede implicar cosas diferentes para cada persona: puede ser una suma concreta de dinero en tu cuenta bancaria o un conjunto de objetivos financieros que te has fijado. En cualquier caso, invertir puede ayudarte a progresar.

Si tu objetivo es saldar deudas, llevar a tus hijos a la universidad, comprar una casa, poner en marcha un negocio o ahorrar para la jubilación, la inversión puede ayudarte a conseguirlo más rápidamente que dejar el dinero en tu cuenta bancaria. Invertir puede mejorar tu patrimonio o el valor de todos tus activos.

Crear riqueza es un objetivo a largo plazo que te beneficiará. Puedes dejar un legado financiero creando riqueza generacional a través de la inversión. Además de dar a tus hijos una base financiera sólida, la transmisión de riqueza a las generaciones futuras podría ayudar a cerrar la brecha de riqueza con la que muchas comunidades están luchando.

Compuestos

El interés compuesto puede ser una ventaja a la hora de invertir. El interés compuesto es el interés que recibes por el dinero que inviertes más el interés de cada periodo anterior. A veces, se denomina "interés sobre interés". El interés compuesto permite un rápido crecimiento del patrimonio. Por ejemplo, tu inversión total sería de $9.000 si ganaras $50 al mes durante 15 años. En ese periodo, suponiendo una tasa de rentabilidad del 10%, el interés compuesto permitiría que los $9.000 aumentaran a más de $19.000.

Reducir la inflación

La tendencia general al alza de los precios de los productos a lo largo del tiempo se denomina "inflación". Tu dinero comprará hoy menos que ayer si los precios suben con el tiempo. Aunque el coste de la vida haya crecido, tu dinero tendrá mucho menos valor si se produce inflación en un periodo de 30 o 40 años. Una forma de luchar contra la inflación es invertir tu dinero. Si ganas más que la tasa de inflación, tu dinero valdrá mañana más que hoy.

Jubilación

Si piensas jubilarte y dejar de trabajar, debes tener reservada una importante suma de dinero para mantenerte cuando dejes de trabajar. La diferencia entre tus ahorros y lo que necesitarás para vivir durante los próximos 20 o 30 años puede cubrirse invirtiendo.

A partir del objetivo de ahorro para la jubilación que te hayas fijado, puedes empezar a invertir para la jubilación. Pensar en la fecha de jubilación deseada, el estilo de vida previsto para la jubilación y los costes te ayudará a alcanzar esa cifra. A continuación, puedes desarrollar un plan de inversión para la jubilación que equilibre tu situación financiera actual con tu estilo de vida deseado para la jubilación.

Mitos e ideas erróneas sobre inversión

Algunos de los mitos más extendidos son difíciles de separar de la realidad porque parecen auténticos o cercanos a la verdad. ¿Estás confundido?

He aquí un ejemplo. Una madre pregunta a su hijo si ha terminado los deberes. "He terminado el ejercicio 2", responde él. Aunque esta afirmación pueda ser cierta, no resuelve el problema de la finalización de los deberes. Aunque el hijo hubiera dicho la verdad a su madre, podría haberla engañado, porque el ejercicio 2 era sólo una pequeña parte de sus deberes.

Lo mismo ocurre con los mitos convincentes sobre la inversión. Es fácil ser víctima de ideas financieras erróneas debido a los muchos componentes móviles y posibilidades imprevistas. Los inversores suelen dejarse engañar por estos mitos, malentendidos y casi mentiras, lo que les lleva a tomar decisiones financieras insensatas.

Por lo tanto, comprender las diferencias entre los mitos y la realidad de la inversión es la clave para convertirse en un buen inversor. En esta sección describiremos los siete principales mitos de inversión para que no caigas en ellos.

Mito 1: Es demasiado arriesgado:

La inversión conlleva riesgos, sí. Por eso siempre va acompañada del descargo de responsabilidad: "Puede que no recuperes lo que inviertes".

¿Aun así es demasiado peligroso? Antes de responder, debemos investigar cómo funciona el riesgo y qué puede implicar.

Se puede utilizar una escala de riesgo para clasificar todas las inversiones. Las inversiones de alto riesgo y volátiles, como las apuestas de cobertura, se sitúan en el extremo de la escala. No son para tímidos, ya que el valor de la inversión inicial puede fluctuar mucho. Esto implica que puedes obtener grandes beneficios o perderlo todo. No recomendamos este tipo de inversión.

En el extremo más bajo del espectro se encuentran algunas inversiones de riesgo extremadamente bajo etiquetadas como "cautelosas". Invierte en una de ellas y, aunque haya riesgo, es poco probable que el valor cambie mucho. Como resultado, es posible que con el tiempo experimentes un viaje más suave y tranquilo.

Hay una inversión para cada apetito de riesgo, desde el conservador al atrevido y todo lo que hay en medio. Comprender los riesgos que conlleva y cómo podrían variar con el tiempo es crucial. De este modo, podrás decidir cuánto riesgo es apropiado.

¿Por qué arriesgarte? En pocas palabras, podrías proporcionar a tu dinero más potencial de crecimiento que los ahorros en efectivo.

Mito 2: Tienes que ser rico:

A pesar de que solía ser así, ahora puedes empezar a invertir con menos dinero del que podrías prever. Y ahora es más fácil que nunca gracias a las aplicaciones para smartphones, las plataformas de fondos en línea y los servicios de asesoramiento sobre inversión en línea.

Puedes empezar a invertir en línea o utilizando nuestra aplicación de banca móvil con una aportación única de 50 £ si dispones de una cuenta de ahorro elegible o activa. Existen otros requisitos previos para ser elegible.

Se aplica una comisión trimestral del 0,25 por ciento anual a la cuenta, así como comisiones continuas equivalentes al 0,25 por ciento del valor de tus inversiones.

Antes de presentar tu solicitud, tendrás acceso al desglose de estos gastos.

Mito 3: Debes guardar tu dinero bajo llave:

Es probable que te hayas encontrado con frases como "Debes tratar de mantenerla durante al menos cinco años" o "Una inversión debe considerarse un compromiso a medio o largo plazo". Esto se debe al hecho de que la probabilidad de que se suavicen los inconvenientes aumenta cuanto más tiempo se mantenga una inversión.

Esto no implica que tengas que guardar físicamente tu dinero. La mayoría de las inversiones no inmovilizan tu dinero ni cobran comisiones cuando vendes. Siempre tendrás acceso a tu dinero.

Una inversión no debe considerarse del mismo modo que una cuenta de ahorros. Las retiradas anticipadas podrían tener un impacto negativo en tus resultados. Evita verte obligado a vender durante un desplome del mercado, ya que tus inversiones pueden valer menos de lo que invertiste.

Antes de invertir, deberías reservar entre tres y seis meses de gastos en un fondo de emergencia. Así, podrás utilizar tu dinero para arreglar tu automóvil si se avería mientras los mercados están alborotados. De este modo, puedes dejar que tus activos crezcan mientras das tiempo a que los mercados se estabilicen.

Mito 4: Hay que ser un profesional:

Debes investigar y vigilar los mercados si decides invertir en acciones. Esto se debe a la posibilidad de sufrir pérdidas financieras si la empresa en la que inviertes obtiene malos resultados. El estado general de la economía, los tipos de interés y la oferta y la demanda influirán en el precio de las acciones.

Pero la compra de acciones no es la única opción de inversión. Los fondos pueden ser un buen punto de partida si es la primera vez que inviertes. Adquirir un fondo es similar a comprar una cesta de inversión ya preparada. Distribuyen los fondos entre numerosas inversiones, lo que equivale a no poner todos los huevos en una cesta.

Invertir en fondos en lugar de en acciones individuales de una sola empresa puede reducir el riesgo. De este modo, un mayor rendimiento de una podría compensar un menor rendimiento de otra. Este método de distribución del riesgo se denomina "diversificación".

El hecho de que los fondos sean elaborados por un gestor de fondos, un profesional financiero experto, es posiblemente la mejor parte de invertir en ellos. Básicamente, pagas a un profesional para que invierta en tu nombre. Los gastos pagados al gestor del fondo se descuentan directamente de la inversión.

Mito 5: Debes vigilar tus inversiones todos los días:

¿Sigues de cerca los mercados? Lo más probable es que tengas cosas mejores que hacer con tu tiempo. Éste es otro de los factores que hacen de las carteras predefinidas una opción de inversión viable. Están gestionadas por expertos para garantizar que se mantienen en el nivel de riesgo que especifiques. Puedes realizar una inversión con una cartera preconfeccionada y, a continuación, básicamente, configurarla y olvidarte de ella. Para comprobar su evolución, basta con echar un vistazo de vez en cuando.

Aunque inviertas en acciones y adoptes una estrategia práctica, no tienes por qué hacer un seguimiento diario. La mayoría de los proveedores de comercio de acciones en línea ofrecen funciones que te ayudarán a hacerlo. Configurando las notificaciones de precios de las acciones, tu teléfono sonará cada vez que una acción suba por encima o por debajo de un nivel determinado.

Mito 6: Hay que saber cuándo hacer una compra:

Existe la creencia de que para beneficiarse de los mercados hay que comprar acciones cuando están baratas y venderlas con beneficios. Los inversores pueden necesitar mucho tiempo y esfuerzo para determinar cuándo el precio de una acción ha tocado techo o fondo.

Pero hay muchas cosas que afectan al mercado de valores. Los resultados son esencialmente imposibles de predecir. Lo crucial es empezar cuanto antes y seguir invirtiendo el mayor tiempo posible. Habrá algunas caídas y posiblemente algunos años difíciles, pero si no te ves obligado a vender durante una caída (véase el mito 3), podrás capear cualquier temporal.

Considera tu horizonte de inversión antes de tomar una decisión. Una mayor volatilidad puede ser manejable si tu horizonte temporal es más largo, porque tendrás más tiempo para recuperarte de cualquier mínimo.

Por ejemplo, te convendría hacer una inversión conservadora si te quedan cinco años para jubilarte. Podrías ser más atrevido si tuvieras al menos diez años con los que jugar. Una vez más, si no estás seguro de qué es lo mejor para ti, puedes pedir consejo a un experto financiero. Se aplican comisiones y requisitos de elegibilidad.

Mito 7: Es una forma fácil de hacerse rico:

Los influencers en las redes sociales pueden afirmar que es fácil beneficiarse de operaciones arriesgadas. Pero no caigas en la trampa. Piensa en lo que ocurrió durante la burbuja de Dotcom a finales de los 90 y lo que ha ocurrido con las criptomonedas en los últimos años.

En general, los mercados favorecen a los inversores a largo plazo. Te ayudará tener disciplina, paciencia y la cabeza fría y tranquila, en lugar de pasión, para que tus inversiones prosperen.

2

Construir una base financiera sólida

No estás solo si establecer prioridades financieras te parece una tarea intimidante. Muchas personas posponen la gestión de su dinero porque no saben por dónde empezar: ¿Debo contratar un seguro de vida o maximizar mis ahorros para la jubilación? ¿Qué debo priorizar: ahorrar para una casa o para la universidad de mi hijo?

Las tareas financieras pueden dividirse en segmentos más pequeños y manejables para facilitar la planificación. Al crear una hoja de ruta financiera para ti y tu familia, ten en cuenta lo siguiente.

Fíjate objetivos financieros que puedas cumplir

El objetivo financiero implica cualquier estrategia que tengas para gestionar tu dinero. Puedes establecer objetivos financieros a corto y largo plazo, como ahorrar 1.000 dólares o invertir para la jubilación. Todas las áreas de tu vida deberían tener objetivos, pero unos objetivos financieros claros te permiten poner tu dinero donde está tu boca.

Además, no puedo hablar de objetivos financieros sin mencionar los Pasos de Bebé. Tomar decisiones financieras puede ser tan difícil como decidir qué ver en Netflix. Hay muchas opciones y cada uno tiene sus preferencias.

¿Necesitas pagar una deuda? ¿Guardar dinero para la universidad de tus hijos? ¿Comprar una casa? ¿Invertir para el futuro? El camino para completar todas esas tareas queda patente en los 7 Pasos de Bebé, que cortan el caos. Te ayuda a concentrarte en un objetivo cada vez para lograr más progresos con tu dinero y disfrutar de la calma financiera. Así que, si no sabes cómo fijar objetivos financieros, ten en cuenta lo siguiente.

1. Intenta evitar fijarte objetivos demasiado ambiciosos:

Puede resultar fácil sentir que debes alcanzar todos tus objetivos financieros a la vez, como llegar al máximo de tus aportaciones para la jubilación, amortizar totalmente tus deudas y recortar tus gastos discrecionales para aumentar tus ahorros. Sin embargo, si te fijas objetivos que probablemente estén fuera de tu alcance actual, puedes sentirte defraudado si no los alcanzas.

La mentalidad del "todo o nada" es una de las dificultades a la hora de fijarse objetivos. Es un punto de vista extremo, y cuando actuamos de ese modo, nos exponemos al fracaso porque no tenemos en cuenta todas las zonas grises de la vida. No será fácil revisar tu presupuesto y asegurarte de que tienes 500 dólares extra cada mes si tu objetivo es ahorrar 500 dólares pero ni siquiera has empezado a ahorrar 50 dólares al mes.

Aunque tus objetivos parezcan pequeños, como ahorrar $50 al mes, hacerlo te ayudará a desarrollar sólidas habilidades de gestión del dinero que podrás mantener a largo plazo. Si cumples tus objetivos actuales, te sentirás impulsado a avanzar hacia metas mayores.

2. Concéntrate en provocar cambios progresivos:

Centrarte en objetivos que te permitan evolucionar con el tiempo te ayudará a evitar fijarte otros demasiado agresivos. Una táctica es comprometerte a hacer algo como: "Voy a aumentar mis ahorros un 1% y, cada pocos meses, revisaré mi presupuesto y aumentaré mis ahorros otro 1%". Más insostenible que hacer lo contrario es pasar de no ahorrar nada a ahorrar una suma importante de dinero.

Además, es importante recordar que las cosas pueden cambiar. Podrías gastar más dinero en unos meses que en otros debido a ocasiones señaladas como vacaciones, cumpleaños y bodas. Otros meses puede que gastes menos. Por ello, es fundamental que tengas un poco de clemencia y empieces por hacer pequeños cambios beneficiosos en tu forma de gastar el dinero. Además, cuando tus ingresos y tu presupuesto aumenten con el tiempo, es posible que dispongas de margen adicional para avanzar aún más hacia tus objetivos a largo plazo.

3. Reconoce que siempre ocurrirán imprevistos financieros:

Puede parecer estupendo avanzar hacia cualquier objetivo financiero, como saldar la deuda de la tarjeta de crédito, hasta que necesitas volver a utilizarla en caso de emergencia y el ciclo de pago comienza de nuevo. Incluso cuando has logrado un objetivo importante, la gestión de tu dinero sigue implicando muchas emociones, ya que podrías sentir una presión adicional para mantenerlo. Cuando parece que siempre hay nuevos gastos que se te escapan, puede resultar difícil conseguirlo.

Con el dinero, siempre surgen imprevistos. Resulta más fácil cuanto antes lo aceptemos como un hecho. Quizá se te rompa el coche o recibas una factura por sorpresa. Sería de gran ayuda que lo incorporaras a tu plan financiero para evitar que te pille desprevenido e impedir que tu progreso se detenga.

Crear un fondo de emergencia es una forma de estar preparado para gastos imprevistos. Puedes utilizar el dinero de tu fondo de emergencia, que es una cuenta de ahorros separada, para pagar cualquier gasto imprevisto. De este modo, podrás hacer frente a un pago inesperado o a una reparación urgente del coche sin endeudarte demasiado.

Los profesionales financieros suelen aconsejar depositar los fondos de emergencia en cuentas de ahorro de alto rendimiento, que permiten ganar más intereses mensuales que los bancos convencionales. Con este método, aunque no hagas aportaciones periódicas, tu dinero seguirá aumentando más rápidamente.

<u>4. Determina qué es lo más práctico para ti en función de tu presupuesto:</u>

Conocer tus gastos y patrones de gasto es el último consejo, y posiblemente el más importante, para crear objetivos financieros realistas. Así podrás fijarte metas adecuadas a tus circunstancias.

Hacer un seguimiento de tus gastos y cargos puede no ser especialmente reconfortante, sobre todo si nunca lo has hecho antes. Es posible que decidas concentrarte en este objetivo financiero en 2024 si nunca antes has hecho un plan de gastos mensual.

Otras estrategias incluyen revisar tus extractos bancarios y elaborar una lista de tus gastos mensuales. Como alternativa, puedes utilizar una aplicación de presupuestación como Mint o Empower (antes Personal Capital), que pueden conectarse a tus cuentas bancarias, cuentas de inversión y otras cuentas financieras. Una herramienta presupuestaria automatizada hará un seguimiento de tus transacciones y las clasificará para que puedas ver en qué gastas más dinero en general.

Después, podrás deliberar sobre dónde reducir (o incluso aumentar) tus gastos y cómo distribuir el dinero para alcanzar tus nuevos objetivos.

El poder del ahorro y el interés compuesto

El interés compuesto es tu mejor amigo, y el tiempo es tu bien más preciado a la hora de invertir. Si acabas de empezar a trabajar o estás empezando a buscarte la vida pero no estás seguro de lo que significa el término "interés compuesto" de la última línea, has llegado al lugar adecuado.

Como joven, estás en una posición inmejorable para empezar a hacer que tu dinero trabaje para ti. ¿Por qué? Puesto que el crecimiento se acelera con el tiempo y aún te queda mucho camino por recorrer, ahorrar ahora te compensará enormemente a largo plazo. Aquí tienes toda la información que necesitas sobre el interés compuesto y cómo utilizarlo en tu beneficio.

¿Qué es el interés compuesto?

Para entender el interés compuesto, primero hay que comprender el interés simple. El interés simple se refiere únicamente al interés que recibes por tus ahorros. Piensa que quieres invertir 100 dólares. Éste es tu saldo principal. Vas al banco y depositas el dinero en una cuenta de ahorro que ofrece un interés del 1%. Esto significa que después de tener tu saldo principal de $100 en ahorros durante un periodo (normalmente un año), habrás ganado $1, o el 1%, sobre tu inversión. Como esto sigue ocurriendo cada año, recibirás otro 1%, o $1, al año siguiente, y así sucesivamente. Esto es el interés simple.

Por el contrario, el interés compuesto permite que tu patrimonio aumente más rápidamente a lo largo de tu vida al pagar intereses sobre el saldo principal y los intereses acumulados a lo largo del tiempo. ¿Recuerdas haber estudiado exponentes en el colegio? Una idea relacionada es el interés compuesto.

Volvamos a los primeros 100 dólares. Imagina que depositas la misma cantidad en un banco a un interés compuesto del 1% anual. ¿En qué se diferencia eso de un tipo de interés simple? Bueno, no lo hace después del primer año. Seguirás ganando $1 más que tu saldo principal. Pero en lugar de tu depósito inicial, ese saldo principal de $100, al año siguiente empezarás a ganar un 1% de interés sobre el saldo de tu nueva cuenta de $101. Ganas $1,01 sobre el importe en lugar de 1 $, aumentando el saldo de tu cuenta a $102,01. Esos $102,01 ganan un 1% de interés al año siguiente, creciendo hasta $103,03. Esto sigue componiéndose, o creciendo, aumentando lo que ganas el año siguiente, el siguiente, y así sucesivamente.

¿Cómo funciona el interés compuesto?

El interés compuesto crece cada vez más, ya que incluye todos los intereses anteriores que se hayan acumulado. La cantidad de periodos de capitalización o de años que lleves ahorrando marca una gran diferencia, por lo que debes empezar a invertir lo antes posible.

Aumentará si depositas dinero en una cuenta que devenga intereses compuestos y lo dejas allí. En el ejemplo anterior, hiciste una inversión de 100 dólares y dejaste que el interés compuesto se encargara del resto. Sin embargo, si añadieras constantemente más dinero al saldo principal de tu cuenta (por ejemplo, cada trimestre, mes o periodo de pago), tu dinero podría empezar a trabajar realmente para ti.

Por supuesto, cuando se es joven y se empieza desde cero con las finanzas, no es fácil imaginarse ahorrando dinero de forma constante. Pero hacerlo tiene una auténtica ventaja. Desde una edad temprana, invertir una pequeña suma cada mes, aunque sólo sean 100 dólares, tiene el potencial de convertirse en una importante suma de dinero de la que podrás depender cuando llegue el momento de la jubilación.

¿Cómo se manifiesta el interés compuesto en el mundo real?

En el mundo real, el interés compuesto variará en función de la tasa de rendimiento, el lugar en el que inviertas tu dinero y la cantidad que ahorres.

Considera la siguiente ilustración:

El Inversor Uno, Charlie, empezó a ahorrar cuando tenía 25 años. Ahorró $1.000 mensuales durante diez años, hasta los 35 años. Después dejó de ahorrar, pero mantuvo el dinero en su cuenta de inversión, que siguió creciendo a un ritmo del 1,5% hasta que se jubiló a los 65 años.

La Inversora Dos, Molly, empezó a ahorrar a los 35 años. Además, ahorró $1.000 mensuales durante diez años, hasta que cumplió 45 años. Hizo lo mismo que Charlie y guardó el dinero en su cuenta de inversión, que creció a un ritmo del 1,5% hasta los 65 años.

Max, el tercer inversor, empezó a invertir a los 45 años. Al igual que los demás, ahorró $1.000 al mes durante diez años antes de dejar de ahorrar a los 55 años y dejar que su dinero creciera a un tipo del 1,5% hasta los 65 años.

Durante diez años, cada uno de los tres inversores puso la misma cantidad, 120.000 dólares, en sus ahorros. Pero cuando empezaron a ahorrar, los resultados de sus jubilaciones fueron muy diferentes. Al final, Charlie tenía 203.105 dólares ahorrados, frente a los 174.831 de Molly y los 150.492 de Max.

En pocas palabras: el interés compuesto funciona mejor cuando se invierte el dinero pronto.

¿Qué estrategia de inversión me conviene más?

¿Qué debes hacer ahora con tu dinero? Los beneficios del interés compuesto pueden crecer aún más rápido si inviertes en una cuenta de jubilación con ventajas fiscales o si no tributas por el dinero hasta que lo retires en la jubilación. Si trabajas a jornada completa, el lugar más sencillo para empezar es hacer aportaciones al plan 401(k) de tu empresa, una popular cuenta de ahorro para la jubilación con ventajas fiscales. Tendrás la oportunidad de empezar a ahorrar para el futuro a medida que te hagas mayor a través de cuentas de jubilación como las IRA y las Roth IRA. Pero, por ahora, podría tener más sentido hablar con un adulto en tu vida sobre las diversas cuentas de ahorro a las que puedes acceder si todo lo que haces es cuidar niños después de la escuela o trabajar como salvavidas los sábados en la piscina.

Wintrust puede ayudar en esta situación. Los jóvenes inversionistas pueden acceder a excelentes opciones de cuentas de Wintrust, tu mejor banco comunitario, y a herramientas y recursos de educación financiera. Wintrust puede ayudarte si tienes preguntas sobre qué es lo mejor para ti. A través de un plan de ahorro adecuado a tus necesidades particulares, sus asesores pueden ayudarte a alcanzar tus metas. Conéctate con un banquero local de Wintrust para posicionarte para el futuro.

3

Introducción a las acciones

Cuando se compran acciones, se apuesta por el éxito y el crecimiento a largo plazo de la empresa. Una de las mejores maneras para que los principiantes aprendan a invertir en acciones es haciendo un depósito en una cuenta de inversión en línea que luego puede utilizarse para comprar acciones o fondos de inversión en acciones.

Por el precio de una acción, puedes empezar a invertir abriendo una cuenta de corretaje. Algunos corredores de bolsa también ofrecen la posibilidad de operar con papel, lo que te permite practicar con acciones utilizando simuladores bursátiles antes de realizar una inversión con dinero real.

Explorando los distintos tipos de acciones

Históricamente, la inversión en bolsa es una de las vías clave hacia el éxito financiero. Cuando busques valores, a menudo oirás que se describen en varias categorías y clasificaciones de valores. Estos son los principales tipos de valores que debes conocer.

Acciones preferentes y ordinarias

Las acciones ordinarias constituyen la mayoría de las inversiones en acciones. Los accionistas de acciones ordinarias, que representan un componente de la propiedad de una empresa, tienen derecho a una parte proporcional del valor de los activos si la empresa se disuelve. Los accionistas de acciones ordinarias tienen un potencial alcista teóricamente ilimitado; sin embargo, también corren el riesgo de perderlo todo si la empresa quiebra sin que queden activos.

En cambio, las acciones preferentes otorgan a los propietarios el derecho a recuperar una cantidad específica de dinero en caso de disolución de la empresa antes que los accionistas ordinarios. Además, los accionistas preferentes tienen derecho al reparto de dividendos antes que los accionistas ordinarios. En general, esto hace que las acciones preferentes tengan más en común con las inversiones en bonos de renta fija que las acciones ordinarias estándar como inversión. A menudo, las empresas sólo venden acciones ordinarias. Esto tiene sentido porque los accionistas suelen querer adquirirlas.

Acciones de gran, mediana y pequeña capitalización

La capitalización bursátil de las acciones se refiere a la cantidad de dinero que valen las acciones colectivamente. Las empresas con mayor capitalización bursátil se denominan valores de gran capitalización, mientras que las empresas sucesivamente más pequeñas están representadas por valores de mediana y pequeña capitalización.

Estos grupos no están bien delimitados entre sí. Sin embargo, un criterio utilizado con frecuencia establece que las acciones se consideran de gran capitalización si su capitalización bursátil es igual o superior a 10.000 millones de dólares, de mediana capitalización si su capitalización bursátil se sitúa entre 2.000 y 10.000 millones de dólares, y de pequeña capitalización si su capitalización bursátil es inferior a 2.000 millones de dólares.

Los valores de mediana y pequeña capitalización ofrecen un mayor potencial de crecimiento futuro, pero son más arriesgados que los de gran capitalización, que suelen considerarse inversiones más seguras y conservadoras. Pero el hecho de que dos empresas estén agrupadas aquí no indica que sean inversiones similares o que vayan a tener un rendimiento parecido en el futuro.

Mercados bursátiles nacionales y extranjeros

Las acciones pueden agruparse según su ubicación. La mayoría de los inversores tienen en cuenta la ubicación de la sede oficial de la empresa para distinguir las acciones estadounidenses de las extranjeras.

Es fundamental tener en cuenta que la clasificación geográfica de una acción no siempre se corresponde con la región de la que la empresa obtiene sus ventas. Un ejemplo clásico es Philip Morris International (PM 0,34%), que tiene su sede en Estados Unidos pero vende todos sus cigarrillos y otros productos completamente en el extranjero. Puede ser difícil determinar el verdadero estatus nacional o internacional de una empresa basándose en las operaciones comerciales y los datos financieros, especialmente en el caso de las grandes empresas multinacionales.

Acciones de valor y acciones de crecimiento

Otra técnica de categorización distingue dos estrategias de inversión comunes. Los inversores en crecimiento suelen buscar empresas cuyas ventas y rentabilidad aumentan rápidamente. Los inversores en valor buscan empresas cuyas acciones estén infravaloradas, ya sea en comparación con sus rivales o con su cotización histórica.

Las acciones de crecimiento suelen conllevar mayores niveles de riesgo, pero las recompensas potenciales pueden ser muy atractivas. Las empresas con una demanda elevada y creciente por parte de los clientes, especialmente en relación con los cambios sociales a largo plazo que fomentan el uso de sus productos y servicios, son valores de crecimiento exitosos. Sin embargo, la competencia puede ser dura, y si los competidores socavan las operaciones de un valor de crecimiento, puede perder popularidad rápidamente. La preocupación de los inversores por la disminución del potencial de crecimiento a largo plazo puede hacer que incluso una ligera ralentización del crecimiento provoque una rápida caída de los precios.

En cambio, los valores se consideran compras más prudentes. Suelen ser empresas consolidadas y conocidas que ya se han convertido en líderes del mercado y no tienen tanto margen de crecimiento. Sin embargo, pueden ser opciones ideales para quienes buscan una mayor estabilidad de precios sin dejar de obtener algunos de los beneficios de la exposición a la renta variable, ya que cuentan con estructuras empresariales fiables que han resistido el paso del tiempo.

Acciones OPI/OPV

Las acciones de OPI/OPV son acciones de empresas que acaban de realizar una oferta pública inicial. Cuando una nueva empresa sale a bolsa, los inversores que desean invertir pronto en una buena idea de negocio suelen estar bastante entusiasmados. Sin embargo, también pueden ser arriesgadas, sobre todo si la comunidad inversora está dividida sobre su potencial de desarrollo y beneficio. Tras salir a bolsa, una acción suele mantener su estatus de OPV durante al menos un año y hasta dos o cuatro años.

Acciones con y sin dividendos

Muchos valores pagan regularmente dividendos a sus accionistas. Dado que los dividendos ofrecen importantes ingresos a los inversores, las acciones con dividendos son muy apreciadas en varios ámbitos financieros. Una sociedad anónima se considera una acción con dividendos si paga incluso $0,01 por acción.

Sin embargo, hay acciones que están exentas de la obligación de pagar dividendos. Las acciones que no pagan dividendos pueden ser inversiones sólidas si sus precios suben. Aunque la tendencia de los últimos años ha sido que más acciones paguen dividendos a sus accionistas, algunas de las mayores corporaciones del mundo siguen sin pagar dividendos.

Acciones de renta variable

Dado que la mayoría de las empresas reparten ingresos en forma de dividendos, las acciones de renta son simplemente otro nombre para las acciones de dividendos. Sin embargo, las acciones de empresas con modelos de negocio más consolidados y relativamente menos potencial de crecimiento a largo plazo también se denominan acciones de renta. Las acciones de renta son populares entre las personas que se jubilan o están a punto de jubilarse, ya que son las más adecuadas para los inversores conservadores que desean retirar efectivo de sus carteras de inversión de forma inmediata.

Acciones cíclicas y no cíclicas

Las economías nacionales suelen experimentar ciclos expansivos y contractivos, épocas de auge y crisis. Los inversores se refieren a ciertas empresas como valores cíclicos porque son más vulnerables a los ciclos económicos generales.

Las acciones de empresas dedicadas a la fabricación, los viajes y los productos de lujo son ejemplos de valores cíclicos porque una recesión de la economía podría mermar la capacidad de los consumidores para realizar grandes compras con rapidez. Sin embargo, cuando las economías son fuertes, un aumento de la demanda puede hacer que estas empresas se recuperen rápidamente.

Las empresas no cíclicas, normalmente denominadas valores seculares o defensivos, no experimentan esas fluctuaciones significativas de la demanda. Las empresas de comestibles son un ejemplo de valores no cíclicos, ya que la gente sigue necesitando comer tanto si la economía va bien como si va mal. Mientras que los valores cíclicos suelen prosperar durante las fases alcistas del mercado, los valores no cíclicos suelen tener mejores resultados durante las fases bajistas.

Acciones seguras

Los valores seguros tienen cotizaciones que fluctúan menos que el conjunto del mercado bursátil con altibajos. Las empresas seguras, a veces denominadas acciones de baja volatilidad, suelen operar en sectores de la economía que están menos sujetos a los cambios de las condiciones económicas. Además, suelen repartir dividendos, y estos ingresos pueden utilizarse para contrarrestar la caída del valor de las acciones en tiempos difíciles.

Acciones sectoriales

Las acciones suelen clasificarse según el sector al que pertenecen. Los sectores bursátiles figuran entre las principales clasificaciones que se utilizan con más frecuencia:

- **Comunicación** - Proveedores de servicios de Internet, medios de comunicación, telefonía y ocio

- **Consumo discrecional** - Minoristas, fabricantes de automóviles, cadenas de hoteles y restaurantes y otras empresas

- **Bienes de consumo básico** - Fabricantes de alimentos, bebidas, tabaco, productos domésticos y personales

- **Energía** - Empresas dedicadas al descubrimiento y producción de petróleo y gas, proveedores de oleoductos y gasoductos y propietarios de gasolineras

- **Instituciones financieras** - Bancos, prestamistas hipotecarios, proveedores de seguros y empresas de corretaje

- **Sanidad** - Fabricantes de dispositivos médicos, empresas de medicina y biotecnología, y seguros de enfermedad

- **Industrial** - Empresas ferroviarias, de aviación, construcción, logística, aeroespacial y defensa

- **Materiales** - Empresas mineras, forestales, de suministros para la construcción, envasadoras y químicas

- **Bienes inmuebles** - Empresas de mantenimiento y promoción inmobiliaria, así como fondos de inversión inmobiliaria

- **Tecnología** - Empresas proveedoras de hardware, software, semiconductores, equipos de comunicaciones y servicios informáticos

- **Servicios públicos** - Empresas de electricidad, gas natural, agua, energías renovables y servicios multiproducto

Acciones ESG

La inversión ESG es una filosofía de inversión que hace hincapié en cuestiones medioambientales, sociales y de gobernanza. Los principios ESG tienen en cuenta los efectos colaterales adicionales sobre el medio ambiente, los empleados de la empresa, los clientes y los derechos de los accionistas, en lugar de centrarse únicamente en si una empresa obtiene beneficios y aumenta sus ingresos con el tiempo.

La inversión socialmente responsable, o ISR, está vinculada a la normativa que regula la ESG. Los inversores ISR eliminan las acciones de empresas que no se alinean con sus creencias fundamentales. Sin embargo, la inversión ESG tiene un aspecto más ventajoso, ya que promueve activamente la inversión en las empresas que obtienen los mejores resultados, en lugar de limitarse a rechazar las que no superan pruebas importantes. El tema es muy interesante porque la investigación ha demostrado que la adhesión a los principios ESG puede aumentar el rendimiento de las inversiones.

Acciones Blue Chip

También hay categorías de valores que toman decisiones basadas en la calidad percibida. Las empresas Blue Chip suelen ser lo mejor de lo mejor en el mundo empresarial, dominan sus respectivos sectores y se han forjado una sólida reputación. Aunque normalmente no ofrecen los máximos beneficios posibles, los inversores con menor tolerancia al riesgo las eligen por su consistencia.

Cómo invertir en bolsa

Invertir es un método probado para hacer que el dinero trabaje para ti mientras intentas ganar más dinero. Warren Buffett, un famoso inversor, caracterizó la inversión como "renunciar al consumo ahora para tener la capacidad de consumir más después".

Puedes aumentar tu dinero varias veces si inviertes constantemente tu dinero. Debido a esto, es crucial empezar a invertir tan pronto como tengas dinero reservado para este fin. Además, un lugar fantástico para empezar es el mercado de valores.

Puedes empezar tanto si tienes 1.000 dólares ahorrados como si simplemente puedes permitirte 25 dólares más a la semana. Recuerda que hay mucho que puedes y debes aprender sobre la inversión en bolsa si quieres tener éxito financiero; sigue leyendo para conocer el procedimiento para iniciar este proceso.

1. Establece tu nivel de tolerancia al riesgo:

¿Cuál es tu tolerancia al riesgo, o hasta qué punto estás dispuesto a asumir la posibilidad de perder dinero si inviertes? Las acciones pueden dividirse en varias categorías: acciones de valor, acciones de crecimiento agresivo, acciones de alta capitalización y acciones de pequeña capitalización. Cada una de ellas presenta distintos grados de riesgo. Puedes centrar tus esfuerzos de inversión en las acciones que complementen tu tolerancia al riesgo una vez que la hayas establecido.

2. Elige tus objetivos de inversión:

Determina también tus objetivos de inversión. Un corredor de bolsa en línea como Charles Schwab o Fidelity te preguntará por tus objetivos de inversión y por el grado de riesgo que estás dispuesto a asumir al abrir una cuenta de corretaje. Un objetivo de inversión puede ser aumentar la cantidad de dinero en tu cuenta si acabas de iniciar tu profesión. Puede que desees ganar dinero y construir y salvaguardar tu patrimonio si es mayor.

Tus objetivos de inversión pueden ser ahorrar para la universidad, comprar una casa o apoyar tu jubilación. Los objetivos pueden evolucionar. Sólo tienes que tener cuidado de identificarlos y revisarlos de vez en cuando para mantenerte centrado en su consecución.

3. Elige una estrategia de inversión:

Mientras que a algunos inversores les gusta hacer y olvidarse, otros desean gestionar su dinero de forma activa. Aunque tu elección puede variar, elige una estrategia para ponerte en marcha. Podrías gestionar tus inversiones y tu cartera de forma independiente si confías en tus conocimientos y habilidades en la materia. Puedes invertir en bonos, acciones, fondos cotizados en bolsa (ETF), fondos indexados y fondos de inversión utilizando corredores de Internet tradicionales como los dos descritos anteriormente.

Puedes contar con la ayuda de un corredor o asesor financiero experimentado para elegir tus inversiones, gestionar tu cartera y realizar ajustes en ella. Se trata de una opción magnífica para principiantes que reconocen el valor de la inversión pero desean la ayuda de un profesional. Los roboasesores, una alternativa automatizada y no intervencionista a trabajar con un agente o asesor financiero, suelen ser más baratos. Tus objetivos, nivel de tolerancia al riesgo y otra información son recogidos por un programa de roboasesor, que luego invierte automáticamente por ti.

4. Selecciona una cuenta de operaciones:

Plan de jubilación en el lugar de trabajo

Si tu lugar de trabajo dispone de un plan de jubilación como el 401(k), puedes invertir a través de él en varios fondos de inversión en acciones y bonos y en fondos con fecha objetivo. También puede ofrecerte la posibilidad de comprar acciones de la empresa.

Tras inscribirte en un plan, contribuyes automáticamente al nivel especificado. En tu nombre, las empresas podrían hacer donaciones de contrapartida. El saldo de tu cuenta crece con impuestos diferidos y tus donaciones son desgravables. Se trata de un método excelente para aumentar el rendimiento de tus inversiones con poco trabajo. Además, puede enseñar a los inversores la disciplina de la inversión constante.

Cuenta imponible o cuenta IRA de una agencia de valores

Además de tener un plan en el lugar de trabajo, puedes empezar a invertir en acciones creando una cuenta de jubilación individual. También puede optar por una cuenta de corretaje estándar sujeta a impuestos. Normalmente dispones de una amplia gama de posibilidades de inversión en acciones. Entre ellas puede haber acciones individuales, fondos de inversión en acciones, fondos cotizados en bolsa (ETF) y opciones sobre acciones.

Una cuenta con un roboasesor

Como ya se ha mencionado, una cuenta de este tipo crea una cartera de valores para ti en función de tus objetivos de inversión.

5. Aumenta tu diversidad para reducir el riesgo:

Comprender la diversificación en las inversiones es crucial. En pocas palabras, la inversión en varios activos, o diversificación, reduce el riesgo de que el rendimiento de una inversión afecte materialmente al rendimiento de toda tu cartera de inversiones. Podría interpretarse como una forma de evitar poner todos los huevos en la misma cesta.

La diversificación puede ser un reto si tu presupuesto es ajustado al invertir en acciones individuales. Por ejemplo, es posible que sólo puedas invertir en una o dos empresas con sólo 1.000 dólares. En consecuencia, el riesgo es mayor.

Los fondos de inversión y los ETF pueden ser útiles en esta situación. Ambos tipos de fondos suelen tener la mayoría de las acciones y otras inversiones. Como resultado, ofrecen mayor diversificación que una sola acción.

4

El mundo de los fondos indexados

La preocupación de los inversores acerca de la capacidad de los gestores de fondos para obtener los mejores rendimientos de sus inversiones en fondos de inversión les lleva cada vez más a elegir productos de gestión pasiva, como los fondos indexados. Antes de plantearte invertir en fondos indexados, este capítulo te proporcionará toda la información que necesitas sobre ellos.

¿Qué es un fondo indexado y cómo funciona?

Un fondo indexado es un fondo de inversión que invierte en valores que se asemejan mucho a los de un índice de mercado específico. Esto sugiere que el rendimiento del plan será coherente con el índice de referencia que supervisa.

Un índice es una colección de valores que caracteriza a un sector específico del mercado. Los fondos indexados se consideran de gestión pasiva, ya que siguen un índice determinado. Los valores negociados en un fondo de gestión pasiva se basan en el índice de referencia subyacente. Además, los fondos de gestión pasiva no necesitan un grupo profesional de especialistas en investigación para detectar oportunidades y seleccionar los mejores valores.

Un fondo indexado se crea para replicar el rendimiento de su índice, a diferencia de un fondo gestionado activamente, que trabaja más y más duro para cronometrar y superar al mercado. Como resultado, los rendimientos de los fondos indexados coinciden con los del índice de mercado subyacente.

Salvo por una pequeña variación conocida como error de seguimiento, los rendimientos son aproximadamente equivalentes a los del índice de referencia. La gestión del fondo suele esforzarse por minimizar esta imprecisión.

Ventajas de comprar fondos indexados

A continuación, se enumeran algunas ventajas de las que disfrutan los fondos indexados:

1. Bajos costos:

No es necesario un equipo eficaz de analistas de investigación para ayudar a los gestores de fondos a seleccionar las mejores empresas, ya que un fondo indexado refleja su índice de referencia subyacente. Además, no hay negociación activa de acciones. Todos estos elementos minimizan los costes de gestión de un fondo indexado.

2. Inversión imparcial:

Los fondos indexados invierten mediante un proceso automatizado basado en leyes. El mandato del gestor del fondo especifica la cantidad que debe invertirse en fondos indexados de distintos valores. De este modo, se eliminan los juicios o prejuicios humanos a la hora de tomar decisiones de inversión.

3. Exposición generalizada:

Para garantizar que la cartera esté repartida entre todos los valores e industrias, las inversiones deben realizarse en una proporción similar a la de un índice. Así, un inversor puede utilizar un único fondo indexado para recoger los rendimientos probables del sector más amplio del mercado. Si inviertes en un fondo indexado Nifty, podrás acceder a 50 valores distribuidos en 13 industrias, desde la farmacéutica hasta los servicios financieros.

4. Ventajas fiscales de la inversión en fondos indexados:

Los fondos indexados suelen tener una rotación mínima o pocas operaciones realizadas por un gestor de fondos en un año determinado debido a su gestión pasiva. Al haber menos operaciones, se pagan menos plusvalías y dividendos a los partícipes.

5. Más fácil de controlar:

Los fondos indexados son más fáciles de gestionar, ya que los gestores no tienen que preocuparse de cómo trata el mercado a los valores que componen el índice. Lo único que tienen que hacer es reequilibrar periódicamente la cartera.

¿Quién debe invertir en fondos indexados?

A la hora de elegir fondos de inversión, hay que tener en cuenta el horizonte de inversión, los objetivos y la tolerancia al riesgo. Los inversores con aversión al riesgo deberían utilizar fondos de inversión indexados. Estos fondos no requieren una investigación y un seguimiento en profundidad. Por ejemplo, puedes elegir un fondo indexado Sensex o Nifty si deseas invertir en acciones pero no quieres exponerte a los riesgos de los fondos de renta variable gestionados activamente.

¿Qué debe tener en cuenta un inversor?

Antes de elegir invertir en fondos indexados, debes pensar en los factores que se enumeran a continuación:

1. Rentabilidad de los fondos indexados:

Los fondos indexados tratan de igualar el rendimiento del índice de mercado. No pretenden superar a los índices de referencia de los fondos gestionados activamente. Debido a problemas de seguimiento, los rendimientos generados podrían ser ocasionalmente inferiores a los del índice subyacente. El fondo indexado obtendrá mejores resultados cuanto menores sean los errores.

2. Asunción de riesgos:

Los fondos indexados son menos vulnerables a los riesgos y la volatilidad asociados a la renta variable porque representan un índice de mercado específico. Tiene sentido invertir en fondos indexados para obtener los mejores rendimientos durante una fase alcista del mercado. Sin embargo, como los fondos indexados suelen perder valor durante una caída, las cosas pueden ponerse feas. Por lo tanto, siempre es aconsejable tener en cartera una mezcla de fondos indexados gestionados activa y pasivamente.

3. Costes de inversión:

El coeficiente de gastos de los fondos indexados es, naturalmente, inferior al de los fondos de gestión activa. El gestor del fondo no está obligado a desarrollar una estrategia de inversión para los fondos indexados. Incluso un fondo con un coeficiente de gastos inferior debes recordar que tiene el potencial de producir mayores rendimientos de la inversión.

4. Los impuestos:

El reembolso de las participaciones de tu inversión en un fondo indexado da lugar a plusvalías, que están sujetas a impuestos. El periodo de tenencia, o tiempo que permanezca invertido, determina el tipo impositivo. Las plusvalías con un periodo de tenencia de hasta un año se denominan plusvalías a corto plazo (STCG) y están sujetas a un impuesto del 15% (más el recargo correspondiente y el 4% de sanidad y educación). Supongamos que el importe total de las plusvalías a largo plazo procedentes de fondos de inversión orientados a la renta variable/acciones de renta variable supera 1.000.000 en un año. En ese caso, las plusvalías a largo plazo (LTCG) procedentes de fondos mantenidos durante más de 12 meses pueden dar lugar a un impuesto sobre las plusvalías a largo plazo del 10% (más el recargo, en su caso, y el 4% de salud y educación).

5. Plazo de inversión:

Los fondos indexados están sujetos a grandes variaciones rápidamente. Si estas variaciones persisten durante mucho tiempo, podrían igualar los rendimientos de tu inversión. Por lo tanto, los fondos indexados son la mejor opción para los inversores con un horizonte temporal largo. Si decides comprar fondos indexados, debes tener paciencia para esperar a que el fondo alcance todo su potencial de rendimiento.

Cómo invertir en fondos indexados

Un fondo indexado se adhiere a un índice de mercado, que suele estar compuesto por acciones o bonos. Normalmente, los fondos indexados invierten en cada elemento que compone el índice que siguen, y cuentan con gestores de fondos cuyo trabajo consiste en garantizar que el fondo indexado tenga un rendimiento idéntico al del índice.

1. Selecciona un índice:

Con los fondos indexados, puedes seguir innumerables índices diferentes. El índice S&P 500 incluye 500 de las mejores empresas del mercado bursátil estadounidense y es el más conocido. He aquí una lista de algunos índices más destacados, organizados por el segmento de mercado que cubren:

- **Bonos** - Bloomberg Barclays Global Aggregate Bond

- **Acciones internacionales** - MSCI Emerging Markets, MSCI EAFE

- **Pequeños valores estadounidenses** - S&P Small-Cap 600, Russell 2000

- **Grandes valores estadounidenses** - Dow Jones Industrial Average, S&P 500, Nasdaq Composite

Además de estos índices amplios, los índices sectoriales y por países se centran en valores de sectores concretos, los índices de estilo destacan empresas de rápido crecimiento o valores infravalorados, y otros índices restringen la inversión en función de sus mecanismos de filtrado.

2. Elige el fondo adecuado para tu índice:

Normalmente, puedes encontrar al menos un fondo indexado que siga el índice elegido. Puede que tengas una docena de opciones para seguir índices conocidos como el S&P 500. Hazte algunas preguntas fundamentales si tienes más de una opción de fondo indexado para tu índice seleccionado. En primer lugar, ¿cuál es el fondo que mejor refleja la rentabilidad del índice? En segundo lugar, ¿qué fondo índice tiene las comisiones más bajas? En tercer lugar, ¿puedes invertir en un fondo indexado a pesar de las restricciones o limitaciones? Por último, ¿ofrece el proveedor de fondos algún otro fondo indexado que te gustaría utilizar? Las respuestas a estas preguntas te facilitarán la elección del fondo indexado ideal para ti.

3. Adquiere acciones de fondos indexados:

Puedes registrar una cuenta de corretaje para comprar y vender las participaciones de fondos indexados que desees. Por otro lado, puedes abrir una cuenta directamente con el proveedor del fondo de inversión.

Una vez más, merece la pena tener en cuenta las características y los gastos a la hora de determinar cómo comprar participaciones de fondos indexados. Registrar una cuenta de fondos directamente a través de la empresa de fondos indexados es menos costoso porque algunos corredores cobran un extra a sus clientes por comprar participaciones de fondos indexados. Sin embargo, muchos inversores mantienen sus participaciones en una única cuenta de corretaje. La opción de corretaje puede ser la mejor opción para consolidar todas tus inversiones en una sola cuenta si deseas invertir en varios fondos indexados ofrecidos por varios gestores de fondos.

Pedido de ayuda

Hola, y muchas gracias por acompañarme mientras exploramos el fascinante mundo de la inversión para principiantes. Hemos repasado juntos varias ideas y estrategias clave, y espero que ahora te sientas más preparado para tomar las riendas de tu futuro financiero.

Ahora quiero pedirte un pequeño favor que podría ser muy importante. Lo que digas en respuesta a este libro podría significar una gran diferencia para otra persona que acaba de empezar su carrera como inversor.

Imagínate a alguien intrigado y dispuesto a aprender, como lo estabas tú no hace tanto tiempo, pero que también puede sentirse abrumado o inseguro sobre por dónde empezar. Tu reseña puede ser la luz que necesitan seguir, dándoles la seguridad y la motivación que necesitan para dar ese vital primer paso.

No necesitas ser una autoridad para expresar tu opinión. Tus comentarios sinceros sobre cómo te ha beneficiado este libro, qué es lo que más te ha gustado o cualquier consejo útil que hayas aprendido por el camino serán de gran ayuda para que otros tomen decisiones acertadas.

Por lo tanto, si dispones de tiempo, **te agradecería enormemente que dejaras una reseña sincera.** Bastará con unas pocas frases sobre tu experiencia y cómo le ha afectado a tu forma de entender la inversión; no tiene por qué ser extenso ni complicado. Alguien que lea tus pensamientos podría encontrar la motivación que necesita para iniciar su camino hacia la independencia financiera.

Ten en cuenta que todos estamos implicados en esto. Al compartir tus conocimientos, te unes a una comunidad de personas que se animan y ayudan mutuamente a alcanzar sus objetivos financieros.

No tengo palabras para expresarte mi gratitud por tomarte el tiempo, comprometerte y querer ayudar a los demás a través de tu reseña. Tu contribución es increíblemente importante y muy valorada.

¡Feliz inversión!

5

Navegar por el mercado de opciones

Los contratos conocidos como opciones conceden al comprador el derecho, aunque no la obligación, de comprar o vender el activo a un precio determinado en una fecha concreta. Se denominan derivados porque son los activos subyacentes los que les confieren su valor. La negociación de opciones es una estrategia que los operadores emplean para especular, generar ingresos y reducir el riesgo.

A pesar de su apariencia desalentadora, la negociación de opciones proporciona ganancias sustanciales que no pueden lograrse únicamente negociando acciones y ETF. Operar con opciones implica hacer predicciones sobre el movimiento del mercado o del precio de las acciones. Antes de comprender cómo operar con opciones, entendamos cómo funcionan.

¿Cómo funciona el comercio de opciones?

En el comercio de opciones, los operadores pueden comprar una opción de compra si son alcistas con respecto al mercado y una opción de venta si desean apostar por la caída de los precios. Los operadores que compran opciones de compra fijan un precio al que comprarán las acciones más adelante. Por el contrario, los operadores que compran una opción de venta decidirán el precio al que venderán las acciones más adelante.

Operar con opciones es una técnica barata para predecir el mercado de un activo o el precio de las acciones. Esto se debe a que los operadores tendrán el derecho pero no la obligación de cumplir el contrato como comprador de una opción de compra o de venta. Los operadores pueden decidir no ejercer sus derechos si el contrato no es rentable el día de vencimiento. En este caso, sólo perderían la prima.

Para apostar a que los mercados crecen o decrecen y embolsarse rápidamente el dinero de la prima, los operadores también pueden vender la opción de compra o de venta. Sin embargo, deben cumplir su parte del trato cuando venden.

Los operadores pueden comprar tanto opciones de compra como de venta para beneficiarse inmediatamente. Cada combinación posible de opciones de compra y venta constituye una estrategia.

Tipos de estrategias de negociación de opciones

Todo operador debe estar familiarizado con las estrategias de negociación de opciones que se indican a continuación.

- **Bull Call Spread (Diferencial de compra alcista)** - es una técnica alcista en la que el operador compra una opción de compra y luego vende otra con un precio de ejercicio más alto. Tiene una perspectiva alcista del mercado y puede ganar si el precio de los valores subyacentes aumenta.

- **Bull Put Spread (Diferencial de venta alcista)** - En esta estrategia, el operador compra una opción de venta y vende otra opción de venta con un precio de ejercicio más alto. Cuando el valor del título subyacente suba, el operador se beneficiará.

- **Venta protectora Vs. Compra sintética** - En una compra sintética, el operador compra tanto el activo subyacente como una opción de venta. Si el precio del activo aumenta, las ganancias son infinitas; si disminuye, las pérdidas son sólo tan grandes como la prima pagada por la opción de venta.

- **Bear Call Spread (Diferencial de compra bajista)** - Este método de negociación bajista implica la compra de una opción de compra y la venta de otra con un precio de ejercicio inferior. Los beneficios sólo se obtienen cuando el precio del activo baja. Tanto las ganancias como las pérdidas en esta técnica están limitadas.

- **Bear Put Spread (Diferencial de venta bajista)** - Cuando los operadores anticipan un ligero descenso en los mercados, compran una opción de venta y venden otra opción con un precio de ejercicio más bajo. Los beneficios y las pérdidas están limitados. Las ganancias resultan de una disminución en el precio del activo.

- **Compra protectora Vs. Venta sintética** - Cuando los mercados bajan, el operador se beneficia de una opción de venta sintética o de una opción de compra protectora. Este enfoque combina la compra de una opción de compra mientras se mantiene una posición corta futura. Cuando el precio cae, el beneficio es ilimitado, y la pérdida es sólo tan grande como la prima.

- **Straddle largo y corto** - Una estrategia de negociación neutral para el mercado conocida como straddle largo y corto combina opciones de compra y venta con el mismo precio de ejercicio. Un straddle largo ofrece recompensas ilimitadas y ningún riesgo. Un straddle corto, por el contrario, ofrece pérdidas infinitas, y las recompensas se limitan a la prima cobrada.

- **Estrangulamientos largos y cortos** - En un estrangulamiento largo, el operador comprará una opción de compra con un precio de ejercicio mayor que una opción de venta. Las ganancias son ilimitadas, y las pérdidas son sólo tan grandes como la prima pagada. La venta de una opción de compra con un precio de ejercicio superior al de la opción de venta se conoce como estrangulamiento corto. La pérdida es ilimitada, y el beneficio es sólo tan grande como la prima.

- **Mariposa larga y corta** - Una estrategia larga y corta que combina spreads alcistas y bajistas al tiempo que limita las ganancias y pérdidas a una cantidad determinada. Es una estrategia equilibrada con riesgos establecidos y beneficios que están limitados.

Ventajas de negociar con opciones

- **Excelentes herramientas de cobertura** - Las opciones son herramientas de cobertura eficaces, pero hay que utilizarlas adecuadamente. Con las opciones, los operadores pueden reducir el riesgo a la baja de sus acciones. Por ejemplo, si un operador posee acciones de una empresa y teme que el precio baje, puede comprar una opción de venta para reducir el riesgo de caída.

- **Rentable** - Dado que las opciones son contratos sobre activos subyacentes y no representan la propiedad, son más baratas que las acciones. Por ejemplo, un operador necesitaría invertir 10.000 dólares para comprar 100 acciones de una empresa con un precio de 100 dólares por acción. Sin embargo, puede comprar un contrato de 100 acciones de opciones por sólo $500. Los operadores pueden obtener importantes beneficios de sus apuestas utilizando los fondos restantes como consideren oportuno.

- **Potencial a corto plazo de mayores rendimientos** - Las opciones ofrecen un mayor potencial de rentabilidad superior a corto plazo que la renta variable. No obstante, el operador debe emplear las estrategias adecuadas. El porcentaje de beneficios es mayor en las opciones porque los operadores gastan menos dinero utilizando opciones y obtienen ganancias prácticamente idénticas a las obtenidas en renta variable.

Las desventajas de negociar con opciones

La negociación de opciones incluye tres decisiones: dirección, tiempo y precio, lo que puede hacerla muy difícil. Antes de poner en práctica una estrategia de opciones, los operadores deben considerar los tres factores.

- **Incertidumbre de las ganancias** - Las ganancias son inciertas porque todas las estrategias de opciones se basan en suposiciones y expectativas futuras. Sólo cuando los precios de las acciones se muevan en la dirección prevista por el operador, éste obtendrá beneficios. En caso contrario, es probable que sufra pérdidas.

- **Comisiones y tasas de negociación** - En comparación con la renta variable, la negociación de opciones conlleva gastos y costes elevados. Los costes aumentan a medida que la estrategia se complica e incluye más opciones de compra y venta.

- **Impuestos** - Dado que todas las ganancias derivadas de la negociación de opciones son a corto plazo, están sujetas al impuesto sobre plusvalías a corto plazo del 15%. En consecuencia, el operador pierde parte de las ganancias en impuestos.

Aspectos a tener en cuenta al negociar opciones

- **Pérdida** - Cuando se negocian opciones, se invierte un pequeño margen, inferior al dinero necesario para comprar las acciones. Esto puede hacer que los operadores pierdan de vista la magnitud de sus pérdidas potenciales si el mercado no se mueve a su favor.

- **Liquidez** - Tener una estrategia de salida es esencial cuando se negocian opciones. Opera sólo con opciones que tengan mucha liquidez. De lo contrario, se corre el riesgo de que los fondos se congelen y se produzcan pérdidas. Aunque una opción barata pueda parecer atractiva, a menudo es menos líquida que una costosa. Por lo tanto, es crucial equilibrar rentabilidad, accesibilidad y liquidez.

- **Cobertura** - Al principio, la negociación de opciones puede resultar muy desconcertante. Para reducir el riesgo y comprender mejor cómo funcionan las opciones, los principiantes deben combinarlas con una operación estándar. Es preferible utilizar primero las opciones con fines de cobertura. Lo ideal es que sólo las utilicen operadores experimentados para especular y obtener beneficios.

Las estrategias de opciones son más importantes cuando los operadores desean cubrirse, especular u obtener beneficios. Tanto para ganar dinero como para reducir el riesgo es necesario emplear el método adecuado.

Cómo negociar opciones

A continuación, se enumeran los pasos básicos en la negociación de opciones.

1. Tu objetivo debe estar decidido:

Cualquiera que sea tu objetivo de negociación, necesitarás una cuenta de corretaje autorizada para negociar opciones para proceder con cualquier estrategia de opciones. Tu grado exacto de aprobación de opciones también afectará a las operaciones que puedes realizar.

2. Encontrar opciones e ideas:

¿Qué otras cualidades de una opción o valor subyacente estás buscando ahora que has determinado tu objetivo principal? El universo de operaciones puede reducirse a un número manejable de posibilidades filtrando el campo en función del precio, el volumen, la volatilidad implícita, el sector u otros criterios.

3. Comparar y analizar ideas:

Es hora de contrastar tus opciones e ideas de negociación cuando hayas encontrado unas cuantas. Comienza por evaluar los posibles riesgos y recompensas de cada opción y cómo su precio puede verse influido por variables, incluyendo cambios en el precio de la acción subyacente, días hasta el vencimiento, varios precios de ejercicio y fechas de vencimiento, y la volatilidad implícita.

4. Invertir en opciones:

¿Has decidido con qué opción vas a operar? El siguiente paso es colocar una orden en línea para construir tu posición en opciones. Introduce la información pertinente de la orden de opciones (tipo, vencimiento, precio de ejercicio, número de contratos, etc.) después de seleccionar el símbolo subyacente.

Tu orden será enviada al mercado cuando haya sido presentada.

5. Control de la posición:

Una vez establecida (abierta) tu posición en opciones, es aconsejable controlarla para determinar qué hacer a medida que se acerca el vencimiento, observando su valor y tendencia.

Si compraste una opción, puedes venderla antes de que venza, ejercerla, comprar o vender los valores subyacentes, o dejar que la opción venza sin valor, dependiendo del precio del activo subyacente.

Si has vendido una opción, tiene dos posibilidades: volver a comprarla para cerrar la posición o dejar que expire sin valor. Además, puedes verte obligado a aceptar cesiones si compras o vendes el valor subyacente.

6

El auge de las criptomonedas

En los últimos años, las criptodivisas han crecido en popularidad; en 2018, ¡había más de 1.600 de ellas! Además, el número sigue aumentando. Como resultado, hay un aumento en la demanda de desarrolladores de blockchain, que crean software que impulsa criptodivisas como Bitcoin. Los desarrolladores de blockchain están muy bien considerados, como lo demuestran sus salarios: un desarrollador full-stack tiene unos ingresos medios de más de 112.000 dólares, según Indeed. Incluso existe un sitio web dedicado a empleos en criptomoneda.

Tanto si estás interesado en un trabajo como desarrollador de blockchain como si solo quieres estar al día de los últimos avances en tecnología, aquí te explicamos qué es una criptomoneda y por qué es importante, para que empieces con buen pie.

¿Qué es una criptomoneda/criptodivisa?

Una criptomoneda es una cadena de información codificada que representa una unidad de cambio. Las cadenas de bloques (blockchains) son redes entre pares que actúan como libros de transacciones seguras al tiempo que mantienen un registro y organizan las transacciones de Bitcoin, como transferencias, compras y ventas. Gracias a la tecnología de cifrado, las criptomonedas pueden actuar como dinero y como sistema contable.

Una criptodivisa es un tipo de dinero virtual o digital utilizado como medio de transacción. Es muy similar al dinero real, salvo que utiliza la encriptación en lugar de tener una forma tangible.

Dado que ningún banco central u organismo controla el funcionamiento de las criptodivisas, sólo pueden introducirse unidades adicionales si se cumplen determinados requisitos. Por ejemplo, con Bitcoin sólo se pueden crear bitcoins nuevos cuando se sube un bloque a la blockchain; en ese momento, al minero se le paga en bitcoins. Una vez creado el bitcoin número 21 millones, no se podrán crear más.

¿Cómo funciona una criptomoneda?

La criptomoneda es una moneda virtual/digital que utiliza la criptografía para su seguridad. Esta característica de seguridad hace que las criptomonedas sean difíciles de falsificar. Al estar descentralizadas, las criptomonedas no están controladas por ninguna organización, como el Estado o las instituciones financieras.

Además, la tecnología de libro mayor distribuido, normalmente una cadena de bloques (blockchain), que sirve como base de datos pública de las transacciones financieras, permite el control descentralizado de cada moneda.

En 2009 se desarrolló la criptomoneda conocida como Bitcoin. El proceso de creación de una criptomoneda se denomina minería. Consiste en utilizar la potencia de los ordenadores para resolver difíciles enigmas matemáticos que validan las transacciones en la cadena de bloques, el libro de contabilidad abierto de todas las transacciones de criptodivisas. A cambio de su trabajo, los mineros reciben criptomonedas.

El comercio de criptomonedas es complejo y especulativo, y conlleva grandes riesgos. Los precios pueden cambiar en cualquier momento. Sólo los inversores selectos deberían invertir en criptomonedas debido a la volatilidad de sus precios. En consecuencia, la inversión en criptomonedas debe considerarse de alto riesgo. Conoce los riesgos asociados a la inversión antes de decidirte y busca asesoramiento financiero.

Beneficios de las criptomonedas

El coste de una transacción de criptomoneda es insignificante o inexistente, a diferencia, por ejemplo, del coste de enviar dinero de un monedero digital a una cuenta bancaria. Las transacciones no están limitadas en el tiempo y son ilimitadas tanto para las compras como para los retiros. Además, a diferencia de lo que ocurre al abrir una cuenta bancaria, para lo que se necesitan papeles y otra documentación, cualquiera puede utilizar criptodivisas.

Las transacciones internacionales de criptodivisas son incluso más rápidas que las transferencias bancarias; las transferencias bancarias tardan casi un día en trasladar dinero de un lugar a otro. Las transacciones de criptodivisas se completan en unos minutos o incluso segundos.

¿Cómo comprar criptomonedas?

Como ya se ha dicho, las criptomonedas utilizan la criptografía para proteger las transacciones y controlar la producción de nuevas unidades. Las criptomonedas son fichas digitales o virtuales. Y el dinero "fiduciario/fiat", o monedas convencionales como el dólar estadounidense o el euro, se utiliza a menudo para comprar criptomonedas. Sin embargo, las criptodivisas como Bitcoin o Ethereum también pueden utilizarse para pagarlas. Debes abrir una cartera digital para guardar tus fondos para comprar criptodivisas. A continuación, puedes comprar monedas en una bolsa de criptodivisas utilizando tu dinero fiduciario u otra criptodivisa.

Hay varias opciones para comprarlas.

Para comprar Bitcoin con una tarjeta de crédito/débito, transferencia bancaria u otro método de pago, utiliza una bolsa de criptomonedas en línea como Coinbase, Binance o Kraken.

Puedes comprar criptodivisas directamente a otros usuarios a través de una plataforma de intercambio como LocalBitcoins o Bisq.

Usando plataformas de comercio de criptodivisas, puedes intercambiar criptodivisas por diferentes activos, como acciones.

¿Cómo almacenar criptomonedas?

Invertir en criptodivisas requiere un almacenamiento seguro de las mismas. Hay varias maneras de almacenar criptodivisas, pero una cartera digital es la más popular. Todos los monederos digitales pueden estar basados en software, web o hardware.

A los monederos basados en web se accede utilizando un navegador web, pero los monederos basados en software deben instalarse en un ordenador o dispositivo móvil.

Un dispositivo físico que almacena criptodivisas fuera de línea es un monedero basado en hardware.

La criptodivisa se guarda, envía y recibe utilizando monederos digitales. Por lo general, son menos vulnerables al malware y a la piratería informática que otros monederos. Sin embargo, los monederos digitales pueden ser robados si no se protegen adecuadamente.

Para proteger el monedero, es fundamental utilizar un doble factor de autenticación y contraseñas seguras. Además, se puede evitar la reutilización de direcciones y otros problemas de seguridad utilizando una dirección producida por un generador de números aleatorios seguro. Además, es mejor mantener la confidencialidad de tu clave privada, que da acceso a tus criptomonedas.

Cómo invertir con seguridad en criptomonedas

Antes de invertir, es esencial realizar un estudio de mercado y comprender el sector. Reconocer las tecnologías, ventajas y riesgos de invertir en criptodivisas.

- **Utiliza plataformas de intercambio con reputación** - Los inversores sólo deben comprar y vender criptomonedas en bolsas de confianza. Las plataformas de intercambio de confianza cuentan con medidas de seguridad para proteger a los inversores de fraudes y robos.

- **Almacenar criptodivisas de forma segura** - Después de obtener criptodivisas, es esencial almacenarlas de forma segura. Invertir en un monedero seguro es uno de los mejores métodos para proteger la criptodivisa contra el robo y el fraude.

- **Diversificación** - La diversificación de las inversiones puede ayudar a reducir los riesgos de invertir en Bitcoin. Por ejemplo, dispersar la amenaza comprando muchos tipos de criptodivisas.

7

Invertir en el sector inmobiliario

Aunque los elevados tipos de interés podrían disuadir a los inversores de comprar inmuebles, se prevé que vuelvan a inundar el mercado una vez que las tasas empiecen a bajar. En un reciente estudio de Bankrate, el 29% de los estadounidenses afirmaron que invertirían su dinero en bienes inmuebles si supieran que no lo necesitarían durante al menos diez años.

Más allá de convertirse en propietarios, una opción bien establecida para quienes prefieren gestionar una propiedad personalmente, los consumidores tienen varias opciones para invertir en bienes inmuebles. La posibilidad de invertir en bienes inmuebles sin tener decenas de miles o más en efectivo también es más fácil que nunca gracias a las nuevas plataformas de negocio.

Beneficios de la inversión inmobiliaria

Siendo una de las inversiones más populares y rentables, los bienes inmuebles tienen un gran potencial de éxito cuando se invierte correctamente. Una de las ventajas de la inversión inmobiliaria es un flujo de ingresos constante que podría desembocar en la independencia financiera.

Generar ingresos pasivos es posible:

Puedes producir ingresos pasivos casi libres de impuestos invirtiendo en bienes inmuebles. Incluso mientras duermes, tus propiedades de alquiler seguirán haciéndote ganar dinero. Puedes pasar menos tiempo trabajando y más haciendo lo que te gusta si inviertes en varias propiedades de alquiler que te aporten dinero suficiente para pagar tus gastos.

Puedes proporcionar liquidez para la jubilación:

Cuando se hace correctamente, la inversión inmobiliaria es una excelente manera de acumular riqueza con el tiempo. Generar un flujo de ingresos para la jubilación es una de las numerosas ventajas de la inversión inmobiliaria. Esto significa que puedes utilizar el dinero de tus propiedades de alquiler para complementar tus ingresos de jubilación.

Cobertura contra la inflación:

Los inversores inmobiliarios no comparten el temor a la inflación que siente la mayoría de la gente. La inversión inmobiliaria es una excelente forma de protegerte contra la inflación. Tanto los ingresos por alquiler de tu propiedad como el valor de tu inversión aumentan cuando lo hace el nivel de los precios. De este modo, los efectos a corto y largo plazo de la inflación quedan a salvo de los inversores inmobiliarios.

Los bienes inmuebles son una inversión estable con ingresos continuos:

Las inversiones inmobiliarias no varían drásticamente cada día, como las inversiones en bolsa. Es una inversión fiable que te genera ingresos. Tú sólo cobras periódicamente tus ingresos continuos (también conocidos como rendimiento de caja) para vender cuando el precio ha subido significativamente y el mercado es fuerte.

Puedes ayudar a los demás teniendo una casa:

La satisfacción de dar una casa a otra persona es una ventaja infravalorada de la inversión inmobiliaria, sobre todo en inmuebles residenciales. Todo el mundo necesita un lugar donde vivir, pero no todo el mundo dispone del dinero inicial para comprar una casa, por lo que el alquiler es la única opción. A menudo oímos historias de propietarios que descuidan sus obligaciones y proporcionan a ciertos inquilinos situaciones de vida de pesadilla. La inversión en inmuebles residenciales garantiza que una familia se aloje en condiciones seguras, sanas, limpias e igualitarias, además de ayudar a cubrir las necesidades de vivienda.

Para los inversores, la inversión inmobiliaria ofrece diversas alternativas:

Tienes la opción de invertir en viviendas unifamiliares, viviendas plurifamiliares, terrenos baldíos y edificios comerciales, en función de tus finanzas iniciales, apalancamiento y preferencias. Aunque carezcas de experiencia, puedes empezar a invertir en el sector inmobiliario en cuanto dispongas de los fondos o recursos necesarios para adquirir una vivienda.

Los arrendamientos más largos son una ventaja de invertir en inmuebles comerciales:

Esto se debe a que pueden ofrecerte más estabilidad y fiabilidad. Así pueden permanecer en un mismo lugar durante más tiempo, que es lo que desean la mayoría de las empresas. Los bienes inmuebles nunca carecen de valor.

Aparte de que el valor de los bienes inmuebles suele aumentar, tu inversión en bienes inmuebles nunca puede perder valor, ni siquiera en tiempos difíciles. Si eres propietario de una vivienda, siempre podrás venderla. A diferencia de las acciones, los bienes inmuebles nunca pierden realmente valor, ni siquiera cuando su valor disminuye.

La inversión inmobiliaria reduce el riesgo:

Una de las principales ventajas de utilizar bienes inmuebles en la cartera financiera es la minimización del riesgo. Sí, tener un sueldo mensual fijo es una gran ventaja, pero la protección frente a inversiones más arriesgadas como las acciones suele ser crucial.

La inversión inmobiliaria tiene muchas ventajas y es un gran método para obtener ingresos pasivos. Debido al aumento de la demanda de viviendas, el valor de los inmuebles suele subir, lo que aumenta tus posibilidades de éxito. La inversión inmobiliaria tiene otras ventajas importantes además de las financieras. Consulta las ventajas de la inversión inmobiliaria para comprender por qué será una fantástica incorporación a tu cartera.

Invertir en el sector inmobiliario

El aumento de las tasas de interés ha tenido un impacto significativo en el mercado de la vivienda. Dado que el aumento de las tasas hace que las viviendas sean menos asequibles para los prestatarios, es posible que los propietarios tengan que bajar sus precios de venta para vender una propiedad, como hicieron durante la mayor parte de 2022 y principios de 2023.

Las tasas de interés seguían siendo relativamente bajas a principios de 2022. Las tasas hipotecarias eran considerablemente más altas que en 2021, pero la Reserva Federal aún no había subido rápidamente las tasas de interés. Sin embargo, el banco central había aclarado que se estaba preparando para subir las tasas considerablemente en los próximos meses. Los compradores inteligentes, por tanto, trataron de bloquear tasas hipotecarias reducidas en sus adquisiciones inmobiliarias.

La Fed comenzó entonces a subir las tasas de interés a un ritmo sin precedentes. Los inmuebles se han vuelto menos accesibles debido a las subidas de tasas, y muchos vendedores de propiedades han bajado los precios. La tasa media de las hipotecas a 30 años se situó justo por debajo del 7 por ciento a principios de 2023, un máximo histórico.

Pero las personas que estén considerando involucrarse deben recordar que la inversión inmobiliaria es a menudo un esfuerzo a largo plazo. Incluso si las tasas de interés son altas ahora, podría ser mejor empezar a ahorrar dinero para un pago inicial a la espera de una disminución de las tasas.

En vista de ello, he aquí las cinco mejores estrategias para invertir en el sector inmobiliario.

1. Adquiere tu propia vivienda:

Aunque no suelas considerar tu primera vivienda como una inversión, muchos otros sí lo hacen. Ofrece varias ventajas y es una de las mejores opciones para invertir en bienes inmuebles.

Tus pagos mensuales pueden utilizarse para acumular capital en tu propiedad en lugar de pagar un alquiler, que siempre parece aumentar anualmente. Una parte de las cuotas mensuales de la hipoteca que pagas va a parar a tu bolsillo. Sin embargo, sigue habiendo desacuerdo entre los expertos sobre las ventajas e inconvenientes de ser propietario de una vivienda, y como aprendieron los compradores de la década de 2000, una casa nunca es una inversión prudente.

Si quieres vivir allí durante un largo periodo de tiempo, comprar una casa puede tener sentido porque podrás fijar una cuota mensual que puede ser comparable a lo que pagarías de alquiler. Además, los bancos ofrecen a los prestatarios un tipo de interés hipotecario más barato y requisitos de pago inicial más bajos para las residencias ocupadas por el propietario, lo que las hace más favorables. Los costes por intereses también pueden ser deducibles de tus impuestos.

2. Invertir en una casa para alquilarla:

Puedes intentar alquilar un dúplex o una vivienda unifamiliar como propiedad residencial si estás dispuesto a dar un paso más. El hecho de estar al tanto de las necesidades del mercado hace que este tipo de propiedad sea superior a las propiedades comerciales como los centros comerciales.

Una vivienda unifamiliar puede ser un buen lugar para empezar poco a poco y con poca inversión. En el caso de una vivienda, puedes comprarla por 20.000 o 30.000 dólares, en lugar de los cientos de miles necesarios para comprar una propiedad comercial. Si puedes localizar una propiedad deseable en dificultades a través de ejecución hipotecaria, podrías ser capaz de comprarla aún más asequible.

Tendrás que desembolsar una suma considerable como pago inicial, a menudo hasta el 30% del precio de compra. Por lo tanto, puede ser prohibitivo si estás empezando y aún no tienes un financiamiento considerable. Es posible evitarlo comprando una vivienda de alquiler en la que también residas.

Otro inconveniente es que tendrás que gestionar la propiedad y decidir, por ejemplo, qué necesita mejoras. Aunque la propiedad de un inmueble se considera una ocupación pasiva a efectos fiscales, ser propietario puede convertirla en cualquier cosa menos eso. Además, aunque un inquilino se salte un pago, tú debes seguir pagando las mensualidades para evitar la deuda del préstamo.

3. Considera la posibilidad de cambiar de casa:

La compraventa de viviendas es cada vez más popular, pero exige un buen sentido del valor y más conocimientos operativos que un arrendador a largo plazo. Si sigues esta vía adecuadamente, podrás ganar dinero más rápidamente que si fueras arrendador.

La principal ventaja de utilizar esta estrategia es que puedes ganar dinero más rápidamente que si te limitas a gestionar tu propiedad, pero también requiere más experiencia. Los revendedores de viviendas suelen identificar casas infravaloradas que necesitan reparaciones o una renovación completa.

La diferencia entre el precio total (precio de compra, costes de rehabilitación, etc.) y el precio de venta es lo que ganan después de hacer las reparaciones necesarias y cobrar el valor de mercado por las viviendas.

Los revendedores de viviendas deben tener buen ojo para saber lo que puede repararse de forma asequible y lo que no. También hay que calcular el valor potencial futuro de una casa. Si cometen un error, su beneficio podría desaparecer rápidamente o, peor aún, convertirse en una pérdida total. Si una casa no se vende inmediatamente, el comprador puede verse obligado a pagar intereses por el préstamo hasta que encuentre un comprador.

4. Comprar un REIT:

Las dos siguientes estrategias de inversión inmobiliaria son pasivas, en contraste con las opciones anteriores. Los REIT (fondos de inversión inmobiliaria) son una opción perfecta para los inversores que desean obtener beneficios inmobiliarios con la liquidez y la facilidad de poseer acciones. Además, tienen derecho a percibir dividendos.

En comparación con la inversión inmobiliaria convencional, los REIT ofrecen varias ventajas y podrían simplificar el proceso considerablemente.

Sin embargo, la compra de REIT tiene sus propios inconvenientes. El precio de un REIT puede cambiar cuando oscila el mercado, al igual que el precio de cualquier acción. Como resultado, los precios de los REIT podrían bajar junto con el mercado. Esto es menos problemático para los inversores a largo plazo que pueden capear un descenso, pero si necesitas vender tus acciones, no podrás obtener lo que valen en este momento.

Debes analizar a fondo cualquier acción REIT que pretendas comprar utilizando métodos propios de un analista profesional. Sin embargo, la compra de un fondo REIT, que posee una variedad de REIT y diversifica así su exposición a cualquier negocio o industria, es un método para evitar este inconveniente.

Con un poco de dinero, invertir en un REIT es un punto de partida fantástico, pero tendrás que esforzarte un poco, ya que todavía hay algunas formas de perder dinero con una inversión en REIT.

5. Utiliza un sitio web inmobiliario:

Puedes entrar en el sector inmobiliario en grandes empresas comerciales utilizando una plataforma inmobiliaria en línea como Fundrise o Crowdstreet sin invertir cientos de miles o incluso millones de dólares. Estas plataformas ayudan a reunir a inversores y promotores deseosos de financiar bienes inmuebles y beneficiarse de ganancias potencialmente bastante lucrativas.

El principal beneficio para los inversores en esta situación es la posibilidad de participar en una rica empresa a la que de otro modo no habrían podido acceder. Dependiendo de los detalles de la operación, los inversores pueden participar en inversiones de deuda o de capital. Estas inversiones podrían generar rendimientos no relacionados con la economía y pagos en efectivo, lo que permitiría a los inversores distribuir su exposición a activos basados en el mercado en sus carteras.

Sin embargo, estos sitios presentan varios inconvenientes. Algunos ni siquiera son útiles si aún no se tiene dinero, ya que sólo aceptan inversores acreditados (como los que tienen un patrimonio neto de un millón de dólares o más). Sin embargo, mientras que algunas plataformas podrían exigir una inversión mínima de 25.000 dólares, otras pueden hacerte entrar con sólo 500 dólares.

Las plataformas también cobran una comisión anual de administración, normalmente del 1%, y pueden añadir cargos adicionales. Esto puede parecer caro en un mundo en el que los fondos de inversión y los ETF pueden crear diversas carteras de acciones y bonos por un 0% de comisión.

Aunque las plataformas pueden filtrar las inversiones, tú también tendrás que hacerlo, lo que exige capacidad para examinar la oportunidad. Las inversiones suelen tener poca liquidez y ofrecen pocas oportunidades de reembolso hasta que finalice un proyecto concreto. Y a diferencia de las inversiones en un REIT o en tu propiedad de alquiler, es posible que tengas que localizar otro contrato una vez finalizado un acuerdo y reembolsada tu inversión para mantener la expansión de tu cartera.

8

Gestión del riesgo en tu cartera de inversiones

Financieramente, un riesgo es la posibilidad de que un resultado o una inversión no produzca los resultados o el rendimiento deseados. El riesgo implica la posibilidad de perder toda la inversión inicial o una parte de ella.

El riesgo suele cuantificarse teniendo en cuenta acciones y resultados anteriores. La desviación estándar es una métrica común utilizada para medir el riesgo en finanzas. La desviación típica calcula la volatilidad de los precios de los activos con respecto a sus valores históricos medios durante un periodo determinado.

Comprender los fundamentos del riesgo y cómo se cuantifica hace posible controlar los riesgos de inversión. Todo tipo de inversores y gestores de empresas pueden evitar pérdidas innecesarias y costosas conociendo los riesgos que pueden aplicarse a diversos escenarios y algunas de las técnicas de gestión.

Los principios del riesgo

Todo el mundo se enfrenta a riesgos cotidianos, ya sea conduciendo, cruzando la calle, invirtiendo, planificando su capital o realizando otras actividades. Las variables más importantes para la gestión del riesgo individual y la gestión de inversiones son la personalidad, el estilo de vida y la edad del inversor. El perfil de riesgo determina la disposición y resistencia al riesgo de cada inversor. Los inversores suelen anticipar mayores beneficios para compensar el mayor riesgo de la inversión.

El vínculo entre riesgo y rentabilidad es un concepto fundamental en finanzas. El rendimiento potencial aumenta con el nivel de riesgo que un inversor está dispuesto a aceptar. Hay que pagar a los inversores por asumir mayores riesgos porque éstos pueden manifestarse de muchas maneras. Por ejemplo, un bono corporativo ofrece una tasa de rentabilidad menor que un bono del Tesoro de EE.UU., que es una de las inversiones más seguras. En comparación con el gobierno de EE.UU., una empresa tiene muchas más probabilidades de declararse en quiebra. Los inversores obtienen una mayor tasa de rendimiento de los bonos corporativos debido al mayor riesgo.

Como ya se ha dicho, el riesgo suele cuantificarse teniendo en cuenta las acciones y los resultados pasados. La desviación estándar es una métrica común utilizada para medir el riesgo en finanzas. La desviación estándar de un valor puede utilizarse para medir su volatilidad con respecto a su media histórica. Una desviación estándar elevada denota un alto grado de riesgo y un alto grado de fluctuación del valor.

Para ayudar a gestionar los riesgos relacionados con inversiones y operaciones empresariales, las personas, los asesores financieros y las empresas pueden adoptar planes de gestión de riesgos. En el mundo académico se han encontrado varias teorías, métricas y técnicas de gestión para medir, evaluar y gestionar los riesgos. La desviación típica, la beta, el Valor en Riesgo (VaR) y el Modelo de Valoración de Activos de Capital (CAPM) son algunas de ellas. Los inversores, operadores y gestores de empresas a menudo pueden reducir algunos riesgos utilizando diversas estrategias, como la diversificación y las posiciones en derivados, tras medir y cuantificar el riesgo.

Valores sin riesgo

Ninguna inversión puede estar completamente exenta de riesgo, pero algunos activos tienen tan poco riesgo real que se consideran exentos de riesgo o sin riesgo.

Los valores sin riesgo suelen constituir una base de referencia para el análisis y la medición del riesgo. Estas opciones de inversión proporcionan una tasa de rendimiento prevista con un riesgo mínimo o nulo. Todo tipo de inversores recurren a menudo a estos valores para retener fondos que deben estar rápidamente disponibles o preservar ahorros de emergencia.

Los certificados de depósito, las cuentas del mercado monetario del gobierno y los pagarés del Tesoro de EE.UU. son inversiones y valores sin riesgo. En términos generales, el valor de referencia libre de riesgo para la modelización financiera es un pagaré del Tesoro estadounidense a 30 días. Dada su fecha de vencimiento relativamente corta y la plena fe y crédito del gobierno de EE.UU., tiene poca vulnerabilidad a los tipos de interés.

Riesgo y horizontes temporales

El horizonte temporal y la liquidez de las inversiones suelen influir en la evaluación y gestión del riesgo. Los inversores que necesitan disponer de su dinero de inmediato se inclinan más por colocar su dinero en valores sin riesgo y son menos propensos a invertir en valores de alto riesgo o en inversiones que no puedan liquidarse de inmediato.

Los horizontes temporales también serán cruciales para la cartera de inversión de cualquier inversor. Los inversores más jóvenes pueden ser más propensos a invertir en activos de mayor riesgo con mayores recompensas potenciales si tienen horizontes temporales más largos hasta la jubilación. Debido a su mayor necesidad de fondos, los inversores de más edad tendrían una tolerancia al riesgo diferente.

Tipos de riesgo financiero

Cada decisión de inversión y ahorro conlleva un conjunto único de riesgos y recompensas. La teoría financiera suele dividir los riesgos de inversión que afectan al valor de los activos en dos categorías: riesgo sistemático y riesgo no sistemático. En general, los inversores están expuestos tanto a riesgos sistemáticos como a riesgos no sistemáticos.

Los riesgos sistemáticos, que suelen denominarse riesgos de mercado, son riesgos que pueden repercutir en la mayor parte del mercado o en toda la economía. El riesgo de mercado es la posibilidad de perder dinero en las inversiones debido a los riesgos políticos y macroeconómicos que afectan al rendimiento del mercado. Es difícil reducir el riesgo de mercado mediante la diversificación de la cartera. El riesgo de tipos de interés, el riesgo de inflación, el riesgo de divisas, el riesgo de liquidez, el riesgo de nación y el riesgo sociopolítico son otras categorías frecuentes de riesgo sistemático.

El riesgo no sistemático, que suele denominarse riesgo específico o idiosincrático, afecta únicamente a un sector de la economía o a una empresa concreta. Algunos ejemplos son la retirada de un producto, un cambio en la dirección, un cambio en la normativa que podría perjudicar las ventas de una empresa y la entrada de un nuevo competidor con potencial para robar cuota de mercado a una empresa existente.

La diversificación es una estrategia que utilizan los inversores para controlar el riesgo no sistemático invirtiendo en varios activos. Además de los riesgos sistemáticos y no sistemáticos generales, existen otras categorías de riesgo:

Riesgo empresarial

La viabilidad básica de un negocio -la cuestión de si una empresa puede realizar suficientes ventas y obtener suficientes ingresos para cubrir sus costes operativos y obtener beneficios- se denomina riesgo empresarial. El riesgo empresarial se refiere a todos los costes adicionales que una empresa debe pagar para seguir operando y funcionando, mientras que el riesgo financiero se refiere a los costes de financiación.

Los salarios, los costes de producción, el alquiler de instalaciones, las oficinas y los gastos administrativos son algunos de estos costes. El coste de los bienes, los márgenes de beneficio, la competencia y el nivel general de demanda de los bienes o servicios que ofrece una empresa influyen en el riesgo empresarial de la organización.

Un riesgo empresarial conocido como riesgo operativo puede estar relacionado con fallos del sistema, errores humanos, fraudes u otras operaciones internas que podrían afectar negativamente a los resultados financieros de una empresa. Los riesgos operativos pueden controlarse implantando controles, procedimientos y sistemas internos eficaces.

Las empresas y las inversiones pueden estar sujetas a riesgos legales derivados de modificaciones de la legislación, nuevas normas o casos judiciales. Los riesgos legales y normativos pueden abordarse mediante programas de cumplimiento, vigilando los cambios en las normas y obteniendo asesoramiento jurídico cuando sea necesario.

Riesgo de impago o de crédito

El riesgo de crédito/impago es la probabilidad de que un prestatario no pueda cumplir sus compromisos de préstamo, incluido el pago de los intereses contractuales o del capital.

Los inversores en bonos están especialmente preocupados por este riesgo porque poseen bonos en sus carteras. El último nivel de riesgo de impago y, por tanto, los rendimientos más bajos están asociados a los bonos del Estado, en particular los emitidos por el gobierno federal. Por otro lado, los bonos corporativos suelen tener el mayor riesgo de impago y los tipos de interés más altos.

Los bonos con grado de inversión tienen una baja probabilidad de impago, mientras que los bonos de alto rendimiento o basura tienen una probabilidad mayor. Las organizaciones de calificación de bonos como Standard and Poor's, Fitch y

Moody's pueden ser utilizadas por los inversores para distinguir entre bonos con grado de inversión y bonos basura.

Riesgo país

El riesgo país es la posibilidad de que una nación no pueda cumplir sus obligaciones financieras. Todos los demás instrumentos financieros de un país y de otras naciones con las que mantiene relaciones pueden obtener malos resultados cuando ese país incumple sus deudas. Las acciones, bonos, fondos de inversión, opciones y futuros emitidos en una determinada nación están sujetos al riesgo país. Los países con mayores déficits o los mercados emergentes tienen más probabilidades de experimentar este riesgo.

Riesgo de tipo de cambio

A la hora de invertir en otros países, hay que tener en cuenta los tipos de cambio porque pueden influir en el valor de un activo. El riesgo de cambio (o riesgo de tipo de cambio) es un riesgo que se aplica a cualquier instrumento financiero que esté denominado en una moneda distinta de su moneda nacional.

Por ejemplo, aunque vivas en Estados Unidos y compres en una bolsa canadiense con dólares canadienses, podrías perder dinero si el valor del dólar canadiense disminuye en relación con el valor del dólar estadounidense.

Riesgo de tasas de interés

El riesgo de tasa de interés se refiere a la posibilidad de que se produzca un cambio en el valor de una inversión como resultado de la alteración de la forma de la curva de rendimiento, el cambio de la cantidad absoluta de las tasas de interés, la diferencia entre dos tasas o cualquier otra relación entre las tasas de interés. Este tipo de riesgo, que tiene un impacto más directo en el valor de los bonos que en los precios de las acciones, supone un peligro significativo para todos los titulares de bonos. En el mercado secundario, los precios de los bonos caen a medida que suben las tasas de interés.

El riesgo de reinversión está vinculado al riesgo de tasas de interés. Existe la posibilidad de que un inversor no pueda reinvertir los flujos de caja de una inversión a la misma tasa de rendimiento que la inversión inicial, como intereses o dividendos. El riesgo de reinversión es crucial para las inversiones de renta fija, como los bonos, ya que son vulnerables a la evolución de las tasas de interés. Los inversores pueden reducir el riesgo de reinversión diversificando sus carteras, escalonando sus inversiones o eligiendo varias fechas de vencimiento.

Riesgo político

El riesgo político es la posibilidad de que los beneficios de una inversión se vean afectados negativamente por disturbios o cambios políticos en una nación. Este riesgo puede derivarse de un cambio en el poder ejecutivo, el legislativo, otros responsables de la política exterior o el mando militar. El riesgo, también denominado riesgo geopolítico, aumenta en importancia a medida que se alarga el horizonte temporal de una inversión.

Riesgo de contraparte

El riesgo de contraparte es la posibilidad o probabilidad de que una de las partes de una transacción incumpla un compromiso legal. Las operaciones de crédito, inversión y negociación pueden estar sujetas al riesgo de contraparte, sobre todo si tienen lugar en mercados extrabursátiles (OTC). El riesgo de contraparte está presente en productos financieros de inversión como acciones, opciones, bonos y derivados.

Riesgo de liquidez

El riesgo de liquidez se refiere a la capacidad de un inversor para vender su inversión a cambio de efectivo. Los inversores suelen exigir una prima por los activos ilíquidos para compensar el tiempo que han tenido que conservar valores difíciles de vender.

Riesgo de modelo

Este riesgo resulta de la utilización de modelos financieros para evaluar riesgos, fijar el precio de instrumentos financieros o tomar decisiones de inversión. El riesgo de modelo puede aparecer si el modelo se basa en premisas falsas, información errónea o técnicas defectuosas, lo que podría dar lugar a proyecciones inexactas y repercusiones financieras desfavorables. El riesgo de modelo puede controlarse evaluando y analizando periódicamente los modelos financieros y empleando varios modelos para cotejar los resultados y las proyecciones.

Riesgo VS. Recompensa

La relación riesgo-rentabilidad equilibra el deseo de obtener el menor riesgo y los mejores beneficios. En términos generales, los niveles altos de riesgo están vinculados a rendimientos potenciales altos, mientras que los niveles bajos de riesgo están vinculados a rendimientos potenciales bajos. Cada inversor debe determinar el nivel de riesgo que está dispuesto y es capaz de asumir a cambio de la rentabilidad deseada. En función de variables como la edad, los ingresos, los objetivos de inversión, las necesidades de liquidez, el horizonte temporal y la personalidad.

Es crucial recordar que un mayor riesgo no siempre se traduce en mayores recompensas. La relación riesgo-rentabilidad sugiere que las inversiones con mayores riesgos pueden dar lugar a mejores beneficios, pero no ofrece garantías. La tasa de rentabilidad sin riesgo, o tasa de rentabilidad potencial de una inversión sin riesgo, se sitúa en el extremo inferior del espectro de riesgo. Representa el tipo de interés que se puede esperar de una inversión completamente libre de riesgo a lo largo de un periodo de tiempo determinado. En teoría, el rendimiento mínimo de una inversión debería ser el tipo de interés sin riesgo, ya que no se asumirían más riesgos a menos que el posible tipo de interés fuera más alto.

Riesgo y diversificación

La diversificación es el método más básico y eficaz para reducir el riesgo. Los principios de correlación y riesgo son importantes en el proceso de diversificación. Una cartera bien diversificada incluirá una variedad de valores de distintos sectores con niveles variables de riesgo y correlación de rentabilidad.

La diversificación es el factor más importante para ayudar a un inversor a alcanzar sus objetivos financieros a largo plazo reduciendo al mismo tiempo el riesgo, aunque la mayoría de los especialistas en inversión coinciden en que no puede garantizar que no se produzcan pérdidas.

Planificar y garantizar una diversificación adecuada puede hacerse de varias maneras, entre ellas:

- **Diversificar los vehículos de inversión de tu cartera** - Como efectivo, bonos, fondos de inversión, ETF, acciones y otros tipos de fondos. Busca inversiones cuyos rendimientos históricamente no hayan fluctuado de la misma manera o en la misma medida. Así, aunque una parte de tu cartera pierda valor, el resto puede seguir aumentando.

- **Mantener tus inversiones diversas dentro de cada categoría** - Incluye valores que difieran según la capitalización bursátil, la geografía, la industria y el sector. Combinar varios tipos, como crecimiento, renta y valor, también es inteligente. Los bonos también deben tener en cuenta diversos vencimientos y características crediticias.

- **Incluir valores con distintos niveles de riesgo** - No es obligatorio elegir únicamente valores de primera fila. En realidad, es al revés. Seleccionar activos con distintas tasas de rentabilidad garantizará que las ganancias significativas compensen las pérdidas en otras áreas.

Ten en cuenta que diversificar tu cartera es un proceso continuo. Las empresas y los inversores hacen "chequeos" o reequilibrios rutinarios para asegurarse de que el grado de riesgo de sus carteras es coherente con su estrategia y sus objetivos financieros.

¿Puede la diversificación de carteras ofrecer protección frente al riesgo?

La diversificación de la cartera es una táctica útil para controlar los riesgos no sistemáticos (riesgos relacionados con empresas o sectores concretos), pero no puede proteger contra los riesgos sistemáticos (riesgos que afectan a todo el mercado o a una parte importante de él). La diversificación no puede eliminar riesgos sistemáticos como los tipos de interés, la inflación y los riesgos cambiarios. Sin embargo, mediante estrategias adicionales como la cobertura, la inversión en activos menos vinculados a los riesgos sistemáticos o la modificación del horizonte temporal de la inversión, los inversores pueden reducir el impacto de estos riesgos.

¿En qué difieren la asunción de riesgos y las decisiones de inversión según la psicología del inversor?

La asunción de riesgos y las decisiones de inversión están muy influidas por la psicología del inversor. Las decisiones de inversión de los inversores individuales pueden verse influidas por sus percepciones del riesgo, experiencias pasadas, sesgos cognitivos y respuestas emocionales. Por ejemplo, la aversión a las pérdidas es un sesgo cognitivo que hace que las personas sean más sensibles a las posibles pérdidas que a las ganancias. La aversión a las pérdidas puede hacer que los inversores sean demasiado precavidos y eviten inversiones más arriesgadas que podrían producir mejores rendimientos. Los inversores pueden tomar decisiones más informadas y lógicas sobre su tolerancia al riesgo y su estrategia de inversión si son conscientes de sus sesgos y tendencias psicológicas.

En conclusión, todos nos enfrentamos a riesgos a diario, ya sea viajando al trabajo, surfeando una ola de 18 metros, realizando inversiones o dirigiendo una empresa. El riesgo es la probabilidad de que una inversión no funcione tan bien como uno desearía o de que se pierda dinero. En el sector financiero, el riesgo es la probabilidad de que el rendimiento real de una inversión difiera del previsto.

La evaluación periódica del riesgo y la diversificación son las formas más eficaces de controlar el riesgo de inversión. La diversificación puede aumentar la rentabilidad en función de los objetivos y el grado de riesgo deseado, aunque no garantice las ganancias ni proteja frente a las pérdidas. Los inversores y gestores de empresas pueden alcanzar sus objetivos financieros realizando las inversiones con las que se sientan más cómodos encontrando el equilibrio correcto entre riesgo y rentabilidad.

Conclusión

La forma más fácil de empezar es hacerlo una vez que hayas decidido cuáles son tus objetivos financieros y dónde quieres invertir. Para aumentar tu confianza y poder invertir más dinero a largo plazo, es posible que desees probar primero la plataforma seleccionada con una suma más pequeña.

A la hora de invertir, no existe un periodo concreto en el que debas mantener tus inversiones, pero te aconsejamos que las conserves durante al menos cinco años para equilibrar los altibajos. Tus objetivos financieros deben determinar la duración de tu inversión. Por ejemplo, si tienes 35 años y quieres jubilarte a los 55, debes invertir durante al menos 20 años.

Como con cualquier inversión, sólo debes invertir si estás dispuesto a poner tu dinero durante unos años siendo consciente de que existe la posibilidad de perder dinero o de ganar dinero. No debes gastar inmediatamente el dinero que puedas necesitar, como tus reservas de efectivo para emergencias.